Der weibliche **EQ**

Zum Buch:

Wie kommt es, daß aus der ehemaligen Klassenbesten nur eine Volksschullehrerin geworden ist, die Schülerin mit dem schlechtesten Notendurchschnitt sich hingegen zur Topmanagerin gemausert hat? Diesen Fragen geht die Autorin aus psychologischem Blickwinkel nach und stellt dar, wie Frauen ihre emotionale Intelligenz steigern und optimal einsetzen können: Welche Gefühle Frauen haben, wozu diese gut sind, wie sie im beruflichen Leben angewendet werden können, aber auch, wo sie fehl am Platze sind und besser zurückgehalten werden sollen. Denn Gefühle zu haben allein ist kein Erfolgsrezept – sie richtig und intelligent einzusetzen ist das Geheimnis der emotionalen Intelligenz.

Zur Autorin:

Mariela Sartorius verbrachte ihre Jugend meist auf Reisen in fernen Ländern. Dann studierte sie Psychologie und fernöstliche Philosophie in München, wo sie geboren ist und lebt. Sie arbeitet als freie Journalistin. Ihre zeitkritischen Beiträge erschienen u.a. in: Woche, Süddeutsche Zeitung Magazin, Vogue, Stern, Zeit.

Mariela Sartorius

Der weibliche EQ

Wie Frauen ihre emotionale Intelligenz nutzen können

Econ & List Taschenbuch Verlag

Veröffentlicht im Econ & List Taschenbuch Verlag

Der Econ & List Taschenbuch Verlag
ist ein Unternehmen der Econ & List Verlagsgesellschaft

Originalausgabe
3. Auflage 1998

Umschlagkonzept: Büro Meyer & Schmidt, München – Jorge Schmidt
Umschlagrealisation: Petra Soeltzer, Düsseldorf
Titelabbildung: Tony Stone Images

Gesetzt aus der Frutiger und Life
Satz: HEVO GmbH, Dortmund
Druck und Bindearbeiten: Ebner Ulm
Printed in Germany
ISBN 3-612-20579-X

Inhalt

Statt eines Vorworts: Zwei Frauen sorgen für Überraschung

Es war das erste Klassentreffen, und es fand zwanzig Jahre nach unserem Abitur statt. Das war genau jener Zeitabstand, der für Überraschungen gut ist.

Wir fühlten uns wie die Mütter unserer alten Lehrerinnen, denen wir Sitzkissen und Sonnenschirme brachten. Wir wußten nicht genau, ob der Ausruf »Mensch, du hast dich gar nicht verändert!« ein Kompliment oder eine Frechheit war. Wir wurden nach angeblichen Verlobten befragt, an deren Namen wir uns kaum mehr erinnerten. Und Julia, die das Foto eines gutaussehenden Kerls herumzeigte, antwortete auf die neidische Bemerkung »Schaut ja toll aus, dein Mann« dünnlippig: »Das ist mein Sohn.«

Die eigentliche Überraschung aber war das, was aus den Mädchen geworden war; und zwar aus solchen, die einst notenmäßige Extrempositionen innehatten.

Da gab es zum Beispiel die mit dem Einserabitur. Wir ertrugen sie damals nur deshalb, weil uns das Mitleid mit ihr, die einfach niemals mit einer Harley Davidson von der Schule abgeholt werden würde, mild stimmte. Sie erhielt ein Stipendium, dafür aber kaum Beifall für ihre langweilige Abiturrede.

Jetzt, zwei Jahrzehnte danach, stand sie ein bißchen abseits und ein wenig verbittert da. Sie trug noch immer das gleiche Brillenmodell und die gleiche praktische Kurzhaarfrisur. Nur eines entsprach keineswegs unseren Erwartungen: Sie war

Volksschullehrerin geworden. Nicht aus Kinderliebe, sondern wegen etwas, das sie so beschrieb: »Was Anspruchsvolleres hat irgendwie nicht geklappt.« Geheiratet hatte sie auch nicht, zwei sogenannte Verlobungen seien »einfach geplatzt«. Sie strahlte Unzufriedenheit und Resignation aus.
So gingen wir also an diesem warmen Sommernachmittag unseres Klassentreffens auf die Suche nach jener anderen, die mit einem miserablen Notendurchschnitt das Abitur gerade noch geschafft hatte. Damals wollte sie selbst wissen, ob nur ihre außerschulischen Interessen zwischen Demo, Disco und Defloration daran schuld seien, und meldete sich freiwillig zu einem Intelligenztest. Das Ergebnis haben wir nie erfahren. »Aber sonderlich hoch ist mein Intelligenzquotient nicht gerade«, gestand sie leichthin beim Abschlußball. Spürte sie schon damals, daß es darauf auch gar nicht ankam?
Wo aber steckte sie jetzt? Wir konnten sie zuerst nicht finden, bis sie sich als der Mittelpunkt einer Gruppe in einer Ecke entpuppte. Strahlende Gesichter, viel Gelächter. Selbst die greise Lateinlehrerin schwenkte dort begeistert ihr Sektglas.
Da stand sie also, ein bißchen füllig geworden, und erzählte, nicht ohne Stolz: Wie sie eine Industrieberaterfirma gegründet habe, deren Trainer und Coaches inzwischen auch international eingesetzt werden. Wie sie kürzlich zu einer von Deutschlands Topmanagerinnen gewählt worden sei. Wie sie ihr erstes Enkelkind bekommen habe (»Da war ich aufgeregter als bei meinen eigenen drei«). Daß sie Terrier züchtete und ihrem Mann nach zwanzig Ehejahren noch immer sonntags einen bestimmten Lothringer Quittenkuchen backen müsse.
»Eigentlich wollte ich jetzt mal streiken«, lachte sie, »aber dann spürte ich, daß nicht nur sein Magen, sondern auch sein Herz an dieser Tradition hängt, und das macht wieder-

um mir viel Freude. An dem Sonntagnachmittag, als ich ihm das sagte, blieb mein Backwerk erst mal unangetastet auf dem Kaffeetisch stehen. Denn wir landeten in einem ganz anderen Zimmer unseres Hauses. Zum Glück waren die Kinder nicht da.«

Die Lateinlehrerin kreischte vor Vergnügen.

Goldmarie und Pechmarie. Warum verlaufen zwei Lebensläufe dermaßen unterschiedlich? Warum konnte die Hochbegabte nichts aus ihren Anlagen machen? Und wieso schien die einst so schlechte Schülerin beruflichen Erfolg und privates Glück gepachtet zu haben? Zufall? Oder hatte die eine eine zusätzliche Begabung? Ein Geheimrezept, von dem niemand etwas ahnte?

Sie hatte ja nie ein Hehl aus ihren Gefühlen gemacht. Manchmal taten ihr die Lehrer, denen sie Streiche spielte, hinterher so leid, daß sie hinging, sich stellte und um Verzeihung bat. Dann wieder wechselte sie mitten in einer Diskussionsrunde in Sozialkunde die Fronten und latschte quer durchs Klassenzimmer auf die andere Seite, wo die bisherigen Kontrahenten saßen. »Gefühlsmäßig gehöre ich doch eher hierher«, erklärte sie dem verdutzten Pädagogen, »auch wenn ich rational auf der anderen Seite argumentieren müßte.«

Sie konnte stets Streit schlichten, Lehrer um den Finger wikkeln, Jugendherbergseltern besänftigen und die Mitschülerinnen für Kampagnen vom Umweltschutz bis zum Faschingsball begeistern (allerdings auch für manche Narretei).

Sollte die Meisterschaft unserer erfolgreichen Klassenfreundin also auf diesem Gebiet liegen? Haben sich Lehrer und Liebhaber, Kunden und Kinder unbewußt von dieser »Intelligenzbestie der besonderen Art« bezaubern lassen? Um es kurz zu machen: Sie war schon damals das, was wir neuerdings emotional intelligent nennen. Sie tat nichts weiter, als einfach nur geschickt mit ihren Gefühlen umzugehen.

Der »richtige« Umgang mit Gefühlen öffnet Tür und Tor zur Führungsposition, wärmt die Herzen, macht glücklich, reich und gesund – so wird allerorten versprochen. Emotionale Intelligenz gilt als Zauber- und Allheilmittel. Sie allein scheint für ein gelungenes Leben wirkungsvoller und wichtiger zu sein als rationale Intelligenz, Bildung und akademisches Wissen.
Aber gilt das für alle? Für Männer und Frauen gleichermaßen? Für alle Gefühle? In allen Situationen?
Tatsächlich genügt es nicht, ein reiches Seelenleben, eine Prise Intuition, sinnliche Empfindsamkeit und ein gemütvolles Naturell zu haben. Davon haben Frauen ja genug in ihrem Vorrat. Umsichtiges, vernünftiges und selbstbewußtes Management dieser Gefühle muß noch dazukommen.
Denn seit jeher besteht zwischen Frauen und ihren Emotionen eine Art Haßliebe. Bei allem Reichtum und allem Talent fürs Gefühl haben wir verlernt, gelassen damit umzugehen, selbstsicher und mutig. Wo Männer entweder keine Emotionen zulassen oder sie geschickt einsetzen, machen Frauen mit den ihren fatale und zerstörerische Fehler: Sie schämen sich ihrer Affekte, unterdrücken Gefühle, wehren Emotionen ab oder fühlen sich ihretwegen schuldbewußt.
Wie man als Frau mit den »großen« Gefühlen von der Liebe bis zum Haß zurechtkommt, wie man mit unterschätzten, verleugneten und verpönten Gefühlen Freundschaft schließen kann und daß man sich andererseits nicht allzusehr auf die sogenannten guten, braven und angeblich typisch weiblichen Gefühle verlassen sollte, davon handelt dieses Buch.
HABEN, ERKENNEN und HANDHABEN sind die drei Voraussetzungen zur emotionalen Intelligenz.

Erster Teil

Haben, Erkennen, Handhaben

1. Kapitel

Haben Sie überhaupt Gefühle? Wenn ja, welche?

Aufgemalte Tränen und die Peitschen im Schlafzimmer

Welcher Unfug im Laufe der Jahre mit Emotionen getrieben wurde – ein kurzer Rückblick

Der Umgang mit Gefühlen ist seltsam zwiespältig. Mal sind Gefühle in, mal out, je nach Mode. Mal werden sie verhöhnt und versteckt, dann wieder schmückt man sich mit ihnen und stellt sie wie Orden zur Schau. Jahrelang werden sie als karrierehemmend unterdrückt, dann plötzlich ist »aus dem Bauch heraus« oberstes Gebot.

Warum wir in unserem Umgang mit Emotionen so zerrissen sind und dabei von einem Extrem ins andere fallen, ist mit ihrer explosiven Energie zu erklären. Ihre Allgegenwart und ihr Einfluß machen sie zu mächtigen Triebwerken. Ihre Kraft ist enorm. Manchmal sogar beängstigend.

Zwei Beispiele:

Es gab Zeiten, in denen nur geheuchelte Gefühle zum guten Ton gehörten. So verkamen sie im Barock und Rokoko zu beliebten Gesellschaftsspielen, zumindest an den Fürstenhöfen. Es wurde viel Schabernack mit ihnen getrieben. Wer beispielsweise in Versailles zu Zeiten des Sonnenkönigs Liebeskummer signalisieren wollte, schminkte sich mittels Tusche und Rotstift verweinte Augen (auch die Männer!) und trug schwarze Schleifen in den Perücken.

Und dann gab es Jahre, in den Hunderttausende von kreischenden, weinenden und sich einnässenden jungen Mädchen weltweit in Massenhysterie verfielen, als ein paar Jungs unter dem Namen »Beatles« nichts weiter machten als gute Musik. So ändern sich die Zeiten. Und die Gefühlsgebräuche mit ihnen.

Durch fast alle Zeiten hindurch aber wurden vor allem Frauen belächelt, wenn sie Emotionen zeigten. Schlimmer noch: Sie wurden nicht ernst genommen. Hinter Tränen wurde ein Trick vermutet, ein Anschwellen der Stimme als Hysterie belächelt. Eine erhobene Hand wurde schmunzelnd weggedreht. Wer gefühlvolle (das heißt oft: menschlichere) Argumente in Diskussionen und Konferenzen einbrachte, wurde schnell mundtot gemacht: »Keine Emotionen, Frau Kollegin!«

Abwertende Ausdrücke sind rasch bei der Hand, wenn es um Gefühle geht:

Gefühlsduselei!

Gebrauch doch lieber deinen Kopf!

Reagieren Sie doch nicht so emotional!

Ist dir der Verstand in die Hose gerutscht?

Ein sentimentaler Tropf!

Elvis Presley sang in seinem Song »A Fool Such As I« die Zeile: »Pardon me, if I'm sentimental« – Verzeih, wenn ich sentimental bin. Man mußte sich entschuldigen. Männer mehr noch als Frauen.

Rationalität war dann jahrelang oberstes Gebot. In der Politik, in der Wirtschaft, in der Wissenschaft, in der Familie. Man appellierte an die Vernunft. Ausschließlich. Das war zu eng gesteckt. Was heranwuchs, waren kühle Rationalisten, eiskalte Digitalhirne, kontrollierte Roboter. Weil sie das Herz vernachlässigten, wurden sie tatsächlich immer herzloser.

Dann kam der Umschwung. Und die Frage Herz oder Hirn entschied sich zugunsten – des Bauchs.

»Sich gehenlassen« war sowohl sinnlich als auch progressiv, sowohl unweiblich als auch emanzipiert, sowohl kokett als auch feministisch. Aus diesem Bauch heraus war dann ein paar Jahre lang schier alles zu handhaben: in welchen Film man abends gehen oder welche Partei man wählen soll, ob Kinder in die Welt zu setzen sind, ob man einen Kredit aufnimmt oder wohin die Ferienreise geht, wen man heiratet oder ob man den trotzigen Sohn bestrafen soll.
Der Überschwang der Gefühle schien eine Zeitlang die Menschen erst so richtig reizvoll zu machen – vor allem beim anderen Geschlecht. Liebeskummer zu betonen, Eifersucht zu zeigen, in Sehnsucht zu schwelgen – das war schick. Wer etwas gelten wollte, mußte überwältigt und überschwemmt werden von Wallungen aller Art (am liebsten natürlich von erotischen). Wer auf sich hielt, tanzte Tango, den angeblich leidenschaftlichsten Tanz aller Zeiten.
Kaum eine Talk- oder Bekennershow im Fernsehen, in der sich nicht irgendein Kleinbürger damit brüstete, daß nur noch krasses Außenseitertum, Grenzerfahrungen und die Peitschen im Schlafzimmer ihm ein Quentchen Lust verschaffen könnten. Von den Wogen der Leidenschaft überrollt werden, in Rausch und Taumel leben! Das sollte das einzig Wahre sein.
Da wurde manch anderem fast ein wenig schwindlig zumute. Und man fragte sich beklommen, was man bisher mit seiner vergnügten, genußvollen Erotik wohl falsch gemacht habe.

Pendelt sich nun, am Ende des Jahrtausends, endlich etwas ein?
Nach Ratiobetonung und Coolness, nach neuer Leidenschaft und trendiger Ekstase scheint man sich auf einen gelassenen Umgang mit Gefühlen zu einigen. Das rechte Mittelmaß wird überall gepriesen. Der sogenannte emotionale Quotient hat den strapazierten Intelligenzquotienten abgelöst und ist nun in

aller Munde. Die Medien vereinfachen noch darüber hinaus: Mehr Erfolg durch Gefühle, gesünder durch Gefühle, bessere Partnerschaften durch Gefühle! Heißt das, die sogenannten »schlechten« Gefühle von der Angst bis zum Haß gar nicht erst aufkommen lassen? Die »guten« indessen hätscheln?
Wenn es so einfach wäre!
Sämtliche Gefühle, die ein Mensch besitzen kann, haben ihren Sinn und ihren Zweck, haben einen Grund, eine Geschichte, vielleicht sogar ein Schicksal. Auch die bösen, die peinlichen, die schmerzenden und die ungeliebten.
Es wird also Zeit, daß sich Frauen mit *allen* ihren Emotionen auseinandersetzen. Ohne sich ihrer zu schämen einerseits, ohne damit zu kokettieren oder sie sich aufpfropfen zu lassen andererseits.
Dazu bedarf es der Auseinandersetzung auch mit den gemischten Gefühlen, die unser Leben tagtäglich bestimmen. Alle Seiten dieser Emotionen sollen beleuchtet werden. Nur so kann zum Beispiel der schlechte Ruf des Neides korrigiert oder am Glorienschein der Bescheidenheit gekratzt werden.
Wenn wir unsere weiblichen Gefühle ein wenig gedreht und gewendet haben, werden wir einen neuen Zugang zu ihnen finden. Danach wird es an der Zeit sein, Freundschaft mit ihnen zu schließen: sie wie gute alte Kumpane zu behandeln, die fast immer dort stehen, wo sie sowieso hingehören, nämlich »auf unserer Seite«.

Wer hat welche Gefühle?

Warum die Charmante eher zur Schamlosigkeit neigt und die Depressive eher zum Schuldgefühl

Wer neigt eigentlich zu welchen Gefühlen? Die Angstbereitschaft oder die Liebesfähigkeit, der Hang zum Ärgern oder die Neigung zur Eifersucht sind nämlich ziemlich ungleich verteilt.

Emotionen sind bekanntlich hochkomplexe Gebilde, die sich aus Angeborenem und Erlerntem zusammensetzen. Bei der Persönlichkeitsstruktur, bei Charakter und Temperament verhält es sich ähnlich. Was liegt also näher, als aufgrund unseres Wesens auf unsere Emotionsbereitschaft zu schließen? Beziehungsweise auf jene Gefühlsauswahl, die überhaupt zur Verfügung steht.

Auch »Lieblingsgefühle«, sozusagen die persönlichen Leib-und-Magen-Emotionen, sind eng an den Charakter gekoppelt. Die für jede einzelne Frau jeweils typische Grundstimmungslage läßt sich aus der Persönlichkeit ziemlich geradlinig ableiten. Welche ist also welcher zuzuordnen?

Verschiedene Persönlichkeitstheorien können als Vorlage dienen:

Die altgriechische Lehre des Arztes Hippokrates wird auch heute noch im Alltag gern benutzt. Er teilte bekanntlich schon einige Jahrhunderte v. Chr. seine Mitmenschen in vier Typen ein: Sanguiniker, Choleriker, Melancholiker und Phlegmatiker. Mit anderen Worten: heitere Zeitgenossen, jähzornige Wüteriche, traurige Jammerlappen und träge Langweiler.

In unserem Jahrhundert unterschied dann der Analytiker Fritz Riemann von neuem vier Persönlichkeitstypen. Er wählte, seinem wissenschaftlichen Fach entsprechend, Neuroseformen als Bezeichnungen, die der Laie wahrscheinlich erst einmal strikt von sich weist und entschieden leugnet. Bis man erkennt, daß wir alle zu diesem oder jenem Typ gehören, von der einen Art mehr, von der anderen weniger haben; und im Idealfall zu je einem Viertel der Persönlichkeit einer der Riemannschen Abteilungen zuzurechnen sind.

Die tiefenpsychologisch erklärten Grundformen der Persönlichkeit sind demnach: hysterisch, zwanghaft, depressiv und schizoid. Etwas netter und populärer ausgedrückt, bezeichnet das nichts anderes als den charmanten Sonnyboy, den korrekten Perfektionisten, das gefühlvolle »stille Wasser« und den unabhängigen Einzelgänger (jeweils beiderlei Geschlechts).

Erkennen Sie sich wieder? Hier oder dort oder in allen vier Fällen? Im Hippokrates-Puzzle oder im Riemann-Raster? Das tägliche Leben ist voller Testsituationen, die Aufschluß darüber geben, zu welcher Gruppe jemand vorwiegend gehört.

Wie würden Sie reagieren, wenn Ihr Chef Sie kurz vor Büroschluß noch mit einer unumgänglichen Zusatzarbeit beauftragt? Wütend, traurig oder gottergeben?

Wie wäre Ihnen zumute, wenn Ihr Partner zum erstenmal allein in die Ferien fahren will? Hundeelend, mißtrauisch oder verständnisvoll?

Wie würden Sie sich fühlen, wenn Sie auf eine Party gehen, keinen Menschen dort kennen und dann auch noch merken, daß Sie total overdressed sind? Wären Sie belustigt? Oder verzweifelt?

Tagtäglich werden wir konfrontiert mit Fragen, Entscheidungen, Aufgaben und Problemen, die auf diese oder jene Art gemeistert werden können. Und auf die wir mit diesen oder jenen Gefühlen reagieren. Wer vorher weiß, wozu er neigt, kann sowohl die Situation als auch die aufkommenden Gefühle besser handhaben.

- So wird zum Beispiel die sogenannte Hysterikerin, die charmant und amüsant ist, gewandt, spontan und sorglos mit ihrer Schamlosigkeit kokettieren, ihre Eitelkeit nicht verleugnen und dennoch ihr Herz nicht immer ganz öffnen, weil sie Endgültigkeit, Unfreiheit und den Zwang, sich festlegen zu müssen, haßt wie die Pest.
- Die sogenannte Zwanghafte, immer korrekt, pflichterfüllt, beherrscht und eine meisterhafte Organisatorin, neigt zur Nörgelei. Wenig ist ihr gut genug und befriedigt ihre hohen

Ansprüche. Sie meidet Abschiede, weil sie große Angst vor Veränderungen, Unordnung und Unsicherheit hat. Daher auch ihr fataler Hang zur Eifersucht.

- Die sogenannte Depressive ist fürsorglich, einfühlsam und aufopfernd. Sie ist diejenige, die sich am besten in den Mitmenschen hineinfühlen kann – und manchmal daran zugrunde geht. Wer auf diese Art schwermütig ist, kennt häufig Schuldgefühle, leidet schnell unter Liebeskummer, hat eher Minderwertigkeitskomplexe als überbordendes Selbstbewußtsein und kennt sehr gut diese fatale Sehnsucht: nach Nähe, nach Geliebtwerden oder auch nur die Sehnsucht nach der Sehnsucht.
- Die sogenannte Schizoide schließlich ist die moderne, unabhängige Single-Frau, stark, selbständig und selbstbewußt. Sie kann (und will) sich nur schlecht einfühlen. Sie glaubt sich in einer Bindung rasch ausgeliefert. Sie ist die, die ihr Herz verschlossen hält und dennoch zur Eifersucht neigt, weil das Betrogenwerden nicht vereinbar ist mit ihrem Stolz. Sie ist nicht uneitel. Ihre Unverbindlichkeit bringt sie dazu, häufig zu kritisieren und zu sticheln.

Alle hier aufgeführten (Misch)gefühle und etliche mehr werden wir in den Kapiteln 4 und 5 ausleuchten. Lernen Sie die auf Sie zutreffenden Emotionen von verschiedenen Seiten kennen. Vielleicht können Sie sich dann einerseits lockerer davon verabschieden, weil Sie an diesen Gefühlen neue Seiten bemerken, die sie künftig überflüssig erscheinen lassen. Andererseits entdecken Sie eventuell, daß bestimmte Gefühle ganz gut zu Ihnen passen und Ihrer Wesensart entsprechen. Das wäre dann eine Möglichkeit, Freundschaft mit ihnen zu schließen.

Wer hat keine Gefühle?

Sonderfall Männer

- Birgit hat sich mit viel Geschmack, Geduld und Gefühl ihren Büroraum in der neuen Wohnung eingerichtet. Stolz führt sie ihrem alten Freund Hannes den Arbeitsplatz vor, von dem aus sie künftig ihre Seminare leiten will. »Die Lampen sind ja grauenhaft«, äußert sich Hannes mitleidlos über die für viel Geld fest installierte Lichtanlage. Birgit kämpft mit den Tränen. Aller Schwung ist ihr für Tage genommen.
- Gerd schenkt seiner Frau seit Jahren nur CDs, die ihm selbst gefallen. Daß Ulla nun mal nicht auf Country-music steht, sondern auf Beethoven, berührt ihn offenbar nicht.
- Günter besucht in den Ferien auf Bornholm seine Zimmerwirtin vom vorigen Urlaub, um ihr begeistert zu erzählen, daß er heuer bei der Konkurrenz im übernächsten Haus hervorragend untergekommen ist. Säuerlich lächelnd hört die Frau zu. Nachts kann sie nicht schlafen. Was hat ihm wohl an ihrem Haus und ihrer Gastfreundschaft nicht gefallen? Tatsächlich wechselt Günter nun mal gern seine Behausungen. Aber hätte er das der guten Frau nicht erklären sollen? Oder den Mund halten?
- Philipp tut ungerührt an Weihnachten und an seinen Geburtstagen kund, welche der Geschenke ihm nicht gefallen. Er merkt die Enttäuschung seiner Frau und seines Sohnes nicht. Er kann nicht einmal ein bißchen heucheln. Die Stimmung ist regelmäßig verdorben.
- Marion hat alte Freunde in Wien besucht. Nach dem Abendessen verabschiedet sich der Hausherr, weil er eine Fernsehsendung nicht versäumen will. Marion ist befremdet. Die Gastgeberin zuckt resigniert mit den Schultern. So ist er nun mal.

Beispiele, die von einem erschreckenden Mangel an emotio-

naler Intelligenz zeugen. Fünf Männer, die wenig Empathie kennen; also das Gespür dafür, was andere fühlen mögen oder wie die Umwelt betroffen sein könnte. Sie haben deshalb auch kein schlechtes Gewissen. Es sind die, die sich wundern, wenn sie von ihren Frauen verlassen, von Freunden vernachlässigt und von Kollegen gemieden werden. Einfühlungsvermögen ist für sie ein Fremdwort, Taktgefühl ist ihnen unbekannt, Diplomatie finden sie verlogen.
Würde eine Frau jemals so ungerührt handeln? Würde sie jemals so bedenkenlos ihren Impulsen nachgeben? Wahrscheinlich nicht. Statt dessen haben Frauen eher gelernt, die Fehler ihrer Männer im gesellschaftlichen Umgang auszubügeln. Sie machen wieder gut, was empathieschwache Männer ohne Rücksicht auf die Situation, auf Wünsche, Gefühle und Vorstellungen der anderen durchziehen. Frauen gleichen mitleidlose Unbekümmertheit aus, glätten Unverschämtheiten, lächeln, entschuldigen und machen durch gewandte Liebenswürdigkeit und beschwichtigende Gesten wieder wett, worüber sich erstaunlich viele Männer hinwegsetzen.
Wie aber sollen wir mit Leuten umgehen, die überhaupt keine Gefühle haben? Oder zu haben scheinen. Oder nicht zeigen können. Oder nicht zeigen wollen.
Gleich rauswerfen? Scheidung einreichen? Oder ist vielleicht Mitleid angebracht? Man muß genau hinschauen. Lassen wir ein paar kluge und ein paar weniger kluge Männer über ihren geschlechterspezifischen Mangel reden:

Erich Kästner dichtete: »Du zürntest manchmal über meine Kühle. / Ich muß dir sagen: Damals warst du klug. / Ich hatte stets die nämlichen Gefühle. / Sie waren aber niemals stark genug. / (...) / Es gibt auch andre, die wie ich empfinden, / Wir sind um soviel ärmer, als ihr seid. / Wir suchen nicht. Wir lassen uns bloß finden. / Wenn wir euch leiden sehn, packt uns der Neid. / (...) / Ihr habt es gut. Denn ihr dürft alles fühlen. / Und wenn ihr trauert, drückt uns nur der Schuh. / Ach, unsre Seelen sitzen wie auf Stühlen / und sehn der Liebe zu.«

Exaußenminister Hans-Dietrich Genscher: »Ich bin nicht mehr verletzbar.«

Mario, Student, 22: »Ich bin cool und fahre gut damit.«

Sein Kommilitone Sven, 23: »Der Coole ist doch ein Weichei. Er blockt nur ab aus Angst vor Verletzungen.«

Marcel Proust: »Schwache Gefühle machen glücklicher.«

Sind die Pokerfaces und gefühlsleeren Kaltblüter, die gleichmütigen Dickhäuter und empfindungslosen Stoiker nun zu beneiden oder zu bemitleiden? Selbst scheinen sie sich ja keineswegs einig zu sein über die Qualität ihrer Emotionslosigkeit. Und zwischen dem Sichbrüsten und dem Bedauern ist Raum für viele Möglichkeiten.
Aber sind Männer und Frauen dieser Art nur herzlose Typen? Oder steckt etwas anderes dahinter, daß sie ihre Gefühle nicht entwickeln konnten? Die Kultur kann es sein. Aber auch ein psychischer Defekt.

In den frühen siebziger Jahren fiel dem Harvard-Professor Peter Sifneos erstmals auf, daß sich manche Patienten mit psychosomatischen Beschwerden weder für eine Psychotherapie noch für eine Analyse eigneten. Sie waren einfach nicht fähig, über ihre Gefühle zu sprechen – was aber eine Grundvoraussetzung für solche Behandlungen wäre. Hatten sie eventuell überhaupt keine Emotionen? Oder waren sie sich der Gefühle nur nicht bewußt? Konnten sie nicht in Worte kleiden, was sie spürten?

Sifneos prägte dafür den Fachbegriff »Alexithymie« (aus dem Griechischen: »a« für »fehlen«, »lexis« für »Wort«, »thymos« für »Gemüt«). Er behauptete, daß bei den gefühlsstumpfen Menschen die Verbindung zwischen dem limbischen System des Gehirns und dem Neokortex unterbrochen sei. Alexithymiker können nicht verbalisieren, was in ihnen vorgeht. Weder sich selbst noch ihren Mitmenschen gegenüber. Dahinter steckt aber keine Scham oder Schüchternheit – sondern Unkenntnis.
Fragt man sie, was sie bei einer Entscheidung gefühlt haben, werden sie mit rationalen Argumenten antworten.
Fragt man sie, was sie in einer Umarmung spüren, werden sie von körperlichen Empfindungen sprechen.
Fragt man sie, was Wut, Trauer oder Überraschung für sie bedeuten, werden sie mit intellektuellen Umschreibungen aufwarten.
Und wenn man sie doch einmal bei einer Gefühlsaufwallung erwischt, ist sie womöglich lang geplant, vorgetäuscht und geschickt plaziert:
Erst später erfuhr zum Beispiel die Welt, daß Chruschtschow den Schuh, mit dem er einst so anrührend menschlich und so beeindruckend spontan in der UNO-Vollversammlung auf sein Pult schlug, keineswegs vom Fuß gezogen hatte. Er hatte ihn in der Aktenmappe mitgebracht!
Alexithymikern fehlen damit wichtige Anteile an emotionaler Intelligenz. Sie können kein Lob spenden und keinen Trost, sie können keine impulsiven Liebeserklärungen machen und merken nicht, wenn sie jemanden kränken. Ihnen entgeht ein enttäuschter Gesichtsausdruck, ein Zusammenzucken, ein erwartungsvolles Leuchten in den Augen oder wenn jemand mit den Tränen kämpft. Sie merken nicht, wenn sich ein Mensch fürchtet, ekelt, ärgert oder wütend wird. Sie haben keine Phantasie, keine Visionen, kaum Träume. Sie leben in einer kühlen Hölle der Gleichgültigkeit.

Oft aber sind sie hoch intelligent und wissen um ihren Defekt: Stefan K., Professor für Geschichte: »Wenn ich plötzlich eine Hitze an den Schläfen spüre, ist das wohl das, was ihr Wut nennt. Und wenn ich ein flaues Ziehen im Magen habe und feuchte Hände bekomme, ist das vielleicht Angst.«

Wenn diese Menschen weinen, wissen sie oft nicht, weshalb, sondern können nur berichten, daß sie sich »einfach irgendwie schrecklich« fühlen. Die Welt der Gefühle ist für sie eine bedrohliche, verwirrende und fremdartige Welt.

Sie geben sich manchmal als unberührbare Überflieger. Dann machen sie sich lustig über »Gefühlsduseleien«, lächeln über die Tränen anderer, die Sehnsüchte ihrer Frauen, die Ängste ihrer Kinder, den Ärger ihrer Kollegen. Sie können nicht erkennen, was in ihnen selbst vorgeht, und sie sehen auch nicht, was andere aufwühlt; also können sie es auch nicht nachempfinden. Sie sind endgültig von der emotionalen Intelligenz ausgeschlossen.

Diese bedauernswerten Leute sind deswegen auch als Liebespartner schwer erträglich, in Gesellschaft langweilig, im Berufsleben erfolglos. Ihnen gelingt wenig, statt dessen leiden sie häufig an psychosomatischen Krankheiten – ohne wiederum erkennen zu können, daß das Leiden (oft Kopfschmerzen, Asthma oder Allergien) nur der Weg ist, den sich ihre sehr wohl vorhandenen Gefühle suchen.

Erst wer um dieses Krankheitsbild weiß, wird sich hüten, sich künftig stolz auf seine Coolness zu berufen. Der kühle Hartherzige, der unerschütterliche Unverletzliche ist demnach ein armer Tropf, dem viel entgeht. Vor allem entgeht dem bewußt und gewollt Emotionslosen jene Lebensqualität, die aus dem vergnüglichen Miteinander der Menschen entsteht.

Wer nicht auf die Bedürfnisse seiner Kunden eingehen kann, bei dem kauft man nicht mehr ein.

Ein Wirt, der nicht spürt, wie sich seine Gäste fühlen, kann seinen Wein bald allein trinken.
Und ein Arzt, dem Empathie abgeht, wird sich schnell nach neuen Patienten umsehen müssen. Damit sind wir bei einer Berufsgruppe, über deren mangelndes Einfühlungsvermögen bereits wissenschaftliche Untersuchungen angestellt worden sind.

Sonderfall Ärzte

Nach einer Studie der Deutschen Angestellten-Krankenkasse fühlten sich von 12 000 befragten Krankenhauspatienten zwei Drittel emotional nicht ausreichend unterstützt. Nur jeder fünfte Patient sagte, in der Klinik sei ihm menschliche Hilfestellung für den künftigen, auch gefühlsmäßigen Umgang mit seiner Krankheit gegeben worden.
In einem Experiment untersuchte der amerikanische Psychologe Norman Frederiksen, wie Medizinstudenten einer angeblichen »Patientin« mitteilen, daß sie wahrscheinlich Brustkrebs habe und mit einer Amputation rechnen müsse. Das Ergebnis war erschütternd und würde im Realfall viel menschliches Leid und psychisches Unheil anrichten. Jene Studenten, die bei den Prüfungen über ihr Fachwissen am besten abschnitten, waren nämlich im Gespräch die brutalsten. Sie informierten die arme »Patientin« mit wenig Wärme und Einfühlungsvermögen über ihren Zustand. Je höher die abstrakte und akademische Intelligenz der künftigen Mediziner war, desto niedriger entwickelt schien ihre soziale und emotionale Intelligenz.
Der Onkologe Gerwin Kaiser, Sprecher der Arbeitsgruppe »Biologische Krebstherapie« der Deutschen Krebshilfe, sagte in einem Interview für »Psychologie heute« (5/96): »Es würde der gegenwärtigen ›Schul‹-Medizin vor allem guttun, bewußter und differenzierter mit dem therapeutischen ›Prinzip Hoffnung‹ umzugehen (...) Menschliche Wärme und emotio-

nale Offenheit sind als ›Droge Arzt‹ mehr denn je gefragt. Die Entwicklung solcher persönlichen Fähigkeiten müßte zukünftig (...) sehr viel stärker in der allgemeinen ärztlichen Aus- und Weiterbildung berücksichtigt werden.«
Schon hat sich in der deutschen Ärzteschaft ein neuer Zweig der Patientenbetreuung entwickelt: das sogenannte »Klienting«. Man hat offenbar erkannt, daß allein mit fachlicher Kompetenz, aber wenig gefühlvoller Anteilnahme die Patienten nicht zu halten sind. Das neue Konzept sieht mehr soziale, kommunikative und emotionale Dienstleistung vor. »Klienting« als modernen, ärztlichen »Kundendienst« praktizieren amerikanische Ärzte schon lange. 63 Prozent von ihnen erkundigen sich regelmäßig telefonisch bei ihren Patienten nach deren Befinden.
Und wer von uns kennt nicht Beispiele emotionaler Kälte bei Medizinern:
– Als Miriam mit einer wunden Stelle am Zahnfleisch zum Dentisten geht, macht dieser einen Abstrich und bittet sie, sich in ein paar Tagen nach dem Befund zu erkundigen. »Hoffentlich nichts Schlimmes«, sagt Miriam beim Verabschieden. Der Arzt macht ein skeptisches Gesicht: »Auch Krebs oder Syphilis können sich so äußern.« Damit entläßt er die geschockte Patientin.
– Peter leidet unter Migräne und läßt ein EEG machen. Der Neurologe beugt sich besorgt über die Aufzeichnung und murmelt etwas von sonderbaren Gehirnströmen. Peter erstarrt. Was der Fachmann erst nach hartnäckigem Nachfragen erklärt: Dieses Gehirnstrommuster sei zwar selten, aber keinesfalls krankhaft.

Nicht nur bei der Medizinerausbildung wird man hellhörig. Auch die Pädagogen beschäftigen sich zunehmend mit einem bislang vernachlässigten Zweig der Erziehung: jener der Gefühle.

An der Universität Erlangen hat man neue Wege der Hochbegabtenförderung beschritten. Dort können bereits 7- bis 14jährige Kinder mit einem Intelligenzquotienten von über 130 ihrem Können an Computern freien Lauf lassen.
Aufgefallen waren die jungen Genies, weil sie an normalen Schulen als soziale Außenseiter und emotional oft unterentwickelte Kinder sowohl den Unterricht störten als auch selbst zu leiden schienen. Sie langweilten sich, sie kamen mit den Mitschülern nicht zurecht. Das Angebot der Universität soll jetzt noch auf »kreatives Schreiben« ausgedehnt werden – damit neben dem Hirn auch die Sinne und Gefühle nicht zu kurz kommen.
Die Bundeszentrale für gesundheitliche Aufklärung hat sich des »emotional unterentwickelten Mannes« angenommen – und zwar in seinem Frühstadium. Auf ihrem ersten Fachkongreß zur sexualpädagogischen Jungenarbeit in Bad Honnef widmeten sich rund 120 Fachleute der Frage, wie man männlichen Kindern »das Fühlen beibringen« kann.
Sie sehen ihr Ziel darin, die »emotionale Desorientierung« von Jungen zu beheben. Jungen haben heute noch immer nicht genug Vorbilder an sensiblen erwachsenen Männern. Sie entwickeln kein sicheres Gefühl für sich selbst, ihre Stärken und Grenzen. Unsere Schulen sind nicht in der Lage, sinnliche und emotionale Lernformen zu bieten. Nach wie vor stehen Disziplin und kognitive Lernerfolge an der Spitze der Anforderungen.
Die Sexualpädagogen Reinhold Munding und Reinhard Winter forderten auf dem Kongreß: Affektkultur; soziale Kommunikationsfähigkeit; Körpererfahrung in Begegnung mit anderen Menschen; lernen, die Wahrnehmungs- und eigene Mitteilungsfähigkeit zu erhöhen. Kurz gesagt: emotionale Intelligenz.

Männergefühle – Frauengefühle: zwei Welten!

Bulimie und gespielte Orgasmen

Zwischen der weiblichen Gefühlswelt und der männlichen Gefühlswelt gibt es zwei grundlegende Unterschiede.

1. Frauen haben mehr Gefühle als Männer.
2. Sie können damit schlechter umgehen als Männer.

Dieser himmelschreiende Mißstand ist eine bedauerliche Vergeudung. Die Kluft, die zwischen Haben und Handhaben besteht, schadet vor allem den Frauen selbst. Sie ist es, die das Unverständnis in die Partnerschaften trägt und die Ungerechtigkeit in die Büros. Sie erschwert den Alltag und belastet die Psyche (und nicht selten auch die körperliche Gesundheit) der Frauen.

Sensitivity-Seminare, Tränen-Crash-Kurse für Männer und Manager haben unsere Partner, Chefs und Kollegen schon hinter sich, erfolgreich bestanden und abgehakt. Tatsächlich waren sie gelehrige Schüler. Sie tragen die neue Sensibilität, Durchlässigkeit, Weichheit und Gefühlskultur im Herzen (und zuweilen im Aktenkoffer) mit sich: in die Büros, auf den Tennisplatz, an den Familientisch, in die Männergruppe, ins Bett. Sie bemühen sich zumindest.

Wer sich allerdings noch nicht sehr verändert hat in Richtung Gefühlsmanagement – das sind die Frauen.

Frauen sind zu mehr, zu tieferen, differenzierteren, bunteren, geheimnisvolleren, raffinierteren, komplexeren, ja – auch zu heimtückischeren Gefühlen fähig als die Männer. Ihr Vorrat ist riesig, der Emotionsschatz wertvoll. Ihre Stimmungen und Empfindungen sind tief und vielschichtig. Was nicht selten angst machen kann – den Männern und den Frauen selbst. Darum haben es sich Frauen in Jahrtausenden angewöhnt, ihre emotionale Tiefgründigkeit unter einer ziemlich stillen Wasseroberfläche zu kaschieren und möglichst kein Wässerchen zu trüben.

Männliche und weibliche Bewertungen desselben Gefühls, nämlich der Schwermut, machen folgende zwei Aussagen deutlich. Sie sprechen für sich:
Der Schriftsteller Peter Handke, selbstbewußt: »Ich bin von Schwermut bedroht. Nur weiß ich inzwischen, wie ich sie loswerden kann, durch Gehen zum Beispiel.«
Topmodel Nadja Auermann, schon weniger selbstbewußt: »Ich bin zu emotional. Oft nehme ich mir etwas zu sehr zu Herzen. Das ist wohl die typisch deutsche Schwermut.«
Um eines vermeintlichen lieben Friedens willen halten die Frauen ihre Gefühle klein. Um Stimmungen nicht zu verderben, unterdrücken sie die eigenen und passen sich statt dessen jenen ihrer Männer an; und auch ihrer Kinder, Vorgesetzten und Mitarbeiter – solange diese männlich sind. Denn die männlichen Emotionen beziehungsweise das Verhalten, das sich Männer wegen ihrer Emotionen bedenkenlos leisten, bedarf des weiblichen Korrektivs. Da muß ausgeglichen werden, um den reibungslosen Ablauf des Miteinanders zu gewährleisten. Da wird geglättet, um die gesellschaftliche Kommunikation zu vereinfachen. Da wird zurechtgerückt, um die Mitmenschlichkeit möglichst wenig zu stören.
Frauen haben Qualität und hohe Meisterschaft darin erreicht, Gefühle anderer zu erspüren und sich danach zu richten. Was auf der Strecke blieb, war das Gespür für die eigenen Gefühle. Was also tun sie?

- Sie schlucken ihre Wut dort hinunter, von wo sie als Bulimie wieder hochkommt.
- Sie unterdrücken ihre Unlust und spielen Orgasmen vor.
- Wenn sie einmal vor Zorn platzen, bereuen sie ihre Hemmungslosigkeit.
- Wenn sie neidisch sind, leugnen sie das.
- Wenn sie Rache üben, grämen sie sich hinterher.
- Wenn sie mit dem Porzellan schmeißen wollen, greifen sie

im letzten Augenblick doch nicht zur antiken Sauciere, sondern zum Keramiktopf.
- Wenn sie überrascht werden, fühlen sie sich überrumpelt.
- Wenn sie hassen, werden sie zuckersüß.
- Wenn sie sich ärgern, täuschen sie Gleichmut vor.
- Wenn sie brüllen wollen, trauen sie sich nicht.
- Wenn sie traurig sind, unterdrücken sie die Tränen.
- Wenn sie doch weinen, werden ihre Tränen als Druckmittel interpretiert.
- Wenn sie lieben, dann zu sehr.
- Wenn sie Angst haben, schämen sie sich.
- Wenn sie sich schämen, dann aus den falschen Gründen.

So geht das. Nicht immer. Aber immer noch zu oft. Wie emotional intelligent sind also die Frauen? Wenn Intelligenz eine Fülle von Anlagen und Begabungen darstellt: sehr intelligent. Wenn emotionale Intelligenz aber den Umgang mit dieser Fülle darstellt: eher weniger.

Heulsuse und Hyäne?

Bezeichnend für das unscharfe Bild, das die weibliche Gefühlswelt bietet, ist eine Ballung gänzlich anderer, sozusagen gegenteiliger Aussagen:
»Ihr seid doch schließlich die Heulsusen und die Hysterikerinnen! Wir doch nicht!«
»Da werden Weiber zu Hyänen!«
»Heißt es vielleicht ›männliche Intuition‹? Natürlich nicht. Die ganze Welt spricht doch nur von der sogenannten ›weiblichen Intuition‹.
Wer solche Aussagen ein Leben lang hört, verinnerlicht langsam den Inhalt. Scheint nicht wirklich etwas Wahres dran zu sein? Hat man etwa schon mal Männer gesehen, die sich um Wäschestücke am Wühltisch im Ausverkauf hysterisch balgen? Werden Männerstimmen hell und schrill, wenn sie

laut werden? Weint ein Junge? Kennt ein Indianer einen Schmerz? Na bitte.
Und warum nicht? Weil Männer keine Lust haben, sich überhaupt Wäsche zu kaufen, und die Dessous für ihre Frauen auch am liebsten von denen selbst aussuchen lassen. Weil die Stimmbänder von Männern sowieso anders beschaffen sind. Weil kleinen Jungen, die von Herzen gern mal weinen würden, die rhetorische Frage »Weint ein Junge?« dermaßen verächtlich gestellt wird, daß sie es ihr Leben lang kaum mehr wagen. Und mit den Indianern sind wir uns sowieso nicht so sicher.
Nur mit der Intuition – da haben sie recht, die Männer, die inzwischen in Seminaren üben, mit der weiblichen Intuition Schritt zu halten.
Was hat es mit der geheimnisvollen Intuition, der Eingebung, der Vorahnung, der inneren Stimme, dem sechsten Sinn auf sich? Welcher Art ist das Gefühl, das uns warnen kann oder uns hilft, die richtige Entscheidung zu treffen; das uns kreativ werden läßt, auf unerwartete Ideen bringt und den Umgang mit den Mitmenschen so vereinfacht?

Intuition, die weibliche Geheimwaffe

Als der Wind einschlief, tat die Segellehrerin Ute etwas merkwürdig Widersinniges: Anstatt noch mehr Segel zu setzen, um auch den letzten Rest des flauen Lüftchens auszunutzen, scheuchte sie ihre dösenden Schüler auf und ließ eilig die Segel reffen. Sie verringerte also die Angriffsfläche für das bißchen Brise.
»Zwei Minuten später kamen urplötzlich starke Böen auf«, berichtet Ute, »und der Wind steigerte sich schnell zum Sturm. Er hatte sich durch nichts angekündigt und war um diese Jahreszeit in den griechischen Gewässern völlig unge-

wöhnlich. Unsere verkleinerte Segelfläche bewahrte uns vor der Katastrophe.«
Seltsam ist dabei vor allem, daß Ute diese Geschichte weder erleichtert noch stolz erzählt: »Ich bin noch heute sehr irritiert über diesen Vorfall. Damals war ich vor allem enttäuscht von mir selbst. Denn wieso hatte ich etwas so Irrationales getan? Auf welche Veranlassung hin? Am Abend im Hafen wurde ich als Heldin gefeiert, aber das ungute Gefühl blieb: Ich wurde ja völlig zu Unrecht gelobt. Meine Eingebung an Bord hatte jeglicher Vernunft widersprochen. Schließlich gelte ich als eine auch in der Theorie erstklassig ausgebildete Hochseeseglerin.«
Utes undankbare Haltung ihrer lebensrettenden Intuition gegenüber klärt sich schnell auf: »Ich machte den Job damals in den Semesterferien. Ich habe Mathematik studiert und bin heute Dozentin an der technischen Universität. Ich bewegte mich also schon damals in traditionell männlichen Feldern. Und ob ich will oder nicht, mein Denken ist rational und logisch geprägt. Diese Eingebung einer ›inneren Stimme‹ überhörte ich früher ganz gern.« Sie zögert: »Aber seit ich vor ein paar Monaten vor einer unübersichtlichen Kurve plötzlich stark abbremste, denke ich anders darüber.«
Was damals geschehen ist? »Gleich hinter der Kurve stand ein dreijähriges Kind mitten auf der Straße.«
Im Gegensatz zur Mathematikerin Ute spricht die Malerin Andrea raunend von ihren »dunklen Kräften«. Das Theatralische, das sie mit ihren roten Locken und dem großkalibrigen schwarzen Schmuck betont, dehnt sie auch auf etwas aus, das man ganz einfach gesunden Mutterinstinkt nennen könnte. Oder Erfahrung.
»Ich spüre es zum Beispiel sofort, wenn sich eins meiner Kinder das Knie aufschlägt. Es durchzuckt mich in derselben Sekunde wie ein elektrischer Schlag!«
Sie nennt das »animalisches Urwissen aller Frauen, das aus

dem Bauch heraus kommt«. Und sie fügt hinzu: »Außerdem weiß ich genau, wann mich mein Mann betrügt.«
Andrea ist diesbezüglich allerdings ein gebranntes Kind: Ihre Lausbuben schlagen sich eigentlich fast täglich die Knie auf. Und ihr Mann, Klarinettist in einer Band, gilt tatsächlich als einer, der auf seinen Tourneen selten ein Groupie von der Bettkante weist.
Andrea benutzt ihre Intuitionsfähigkeit, die sicher vorhanden ist, aber übertrieben wird, als Machtmittel und zum Manipulieren. »Lügen hat keinen Zweck«, pflegt sie zu drohen, »ich komme ja doch drauf.«
»Weibliche« Intuition? So spannend wie die Frage, ob es diese feminine Sonderform überhaupt gibt, so aufschlußreich ist die Beobachtung, wie Frauen mit ihr umgehen.
Auf welche Weise sie ihre intuitiven Fähigkeiten einschätzen, wirkt sich nämlich auf die Intuition selbst aus. Abwehren, kokettieren oder zulassen: das sind gängige Formen des Umgangs nicht nur mit Gefühlen ganz allgemein, sondern auch mit dem unbewußten Wissen, diesem rätselhaften Urgefühl. Es läßt sich also, einmal zugelassen, ebenso als Druckmittel nutzen wie als zusätzliche Möglichkeit des Findens, Handelns oder Entscheidens.
Für das Schlagwort von der angeblich »weiblichen« Intuition gibt es mehrere Erklärungen. Vor allem: Frauen machen aus dieser Begabung ausnahmsweise kein Hehl. Sie haben ja ihr Ansehen jahrtausendelang nicht vorwiegend auf rationalistisches Denken aufgebaut wie die meisten Männer. Und sie stehen nicht unter dem Zwang, immer recht behalten zu müssen. Ihr Geist bleibt frei für intuitive Sprünge. Keine Hörigkeit gegenüber der Vernunft engt sie ein. So lernten sie, den »Freiraum«, den man ihnen zuwies, als Zusatzreservoir für ein Mehr an Erkenntnisquellen zu nutzen.
Dazu kommt ein tatsächlich erwiesener Vorteil des weiblichen Gehirns. Bekanntlich gilt die linke Gehirnhälfte des

Menschen als zuständig für eher intellektuelles Denken; die rechte steht mehr für Emotionalität. Was nun Frauen besser als Männer können: schnell von einer Hemisphäre des Gehirns zur anderen umschalten. Das befähigt sie zu einer ganzheitlichen Wahrnehmung. Sie können also Situationen komplexer einschätzen. Und sie gehen flexibler mit ihren zusätzlichen Möglichkeiten um. Zwischen Ratio und Phantasie rasch hin- und herspringen zu können – eine herrliche Sache!

So sieht es auch Helen. Sie bekennt sich eher achselzuckend zu ihren Intuitionen. Helen ist eine elegante Endvierzigerin, die seit dem Tod ihres Mannes einen mittelständischen Betrieb für Elektronik führt.

»Als mein Mann an Krebs erkrankte, arbeitete er mich in die Leitung der Firma ein. Ich erinnere mich noch gut: Einer der hitzigsten Streitpunkte in den Jahren der Übergabe betraf meine Vorbereitungen auf Verhandlungen, etwa mit ausländischen Zulieferern.

›Wie wirst du vorgehen? Wie hast du dich vorbereitet? Zeig mal deine Notizen‹, sagte er. Und ich antwortete zu seinem Entsetzen: ›Ich kenne doch unsere Forderungen. Mehr brauche ich nicht. Mir wird während der Konferenz schon das Rechte einfallen.‹ Ich kam übrigens immer mit erstklassigen Verträgen zurück.«

Helens Gespür für den richtigen Ton ist bis heute geblieben. Das ist emotionale Intelligenz, mit Menschenkenntnis, Einfühlungsvermögen und Intuition, in Reinform.

»Eigentlich«, sagt sie leichthin, »bin ich ja mehr der preußisch-korrekte Typ und halte mich für ziemlich sachlich. Aber im Gespräch verlasse ich mich ganz gern auf die momentane Eingebung. Da merke ich doch erst, wie die Stimmung ist, die ganze Atmosphäre im Raum. Erst in der Situation selbst kann ich Ängstlichkeit oder Wut, Ehrgeiz,

Unsicherheit oder Entschlossenheit der Gesprächspartner erkennen. Und dann reagiert etwas in mir entsprechend.«

Helens ausgeprägtes Selbstbewußtsein gibt ihr die Sicherheit, im richtigen Moment das Richtige zu sagen. Unter Druck und in Augenblicken des Gefordertseins vertraut sie einfach ihren intuitiven Fähigkeiten, ohne sich lange Gedanken darüber zu machen.

»Das war übrigens schon immer so, auch als ich früher zur Elternsprechstunde in die Schule mußte. Bei meiner Tochter durfte ich da nicht immer mit dem Lob der Lehrer rechnen; zu oft hatte sie was ausgefressen. Aber ich ging stets ganz unvoreingenommen hin. Meine Kommentare fielen mir dann erst dort spontan ein. Und es endete eigentlich immer damit, daß sich alles so ziemlich in Wohlgefallen auflöste.«

Drei Frauen erzählen hier von einem unerklärbaren Wissen, das sie hin und wieder leitet. Sie berichten von Entscheidungen, die sie wie zwanghaft treffen, ohne ihre Beweggründe dafür angeben zu können. Sie bedienen sich dieser Hilfen »gefühlsmäßig«. Sie machen das einzig Richtige mit ihrer so außerordentlichen Begabung: Sie lassen sie zu.

Wieso aber hören wir so selten von Männern solche Geschichten? Gibt es bei ihnen einfach nichts dergleichen zu berichten? Sind sie ausgeschlossen von dieser Art Wissen? Oder verheimlichen sie es nur?

Bis in die jüngste Zeit hinein haben sich die Männer den Zugang zu ihrem inneren, unbewußten Wissen selbst versperrt. »Aus dem Bauch heraus« etwas zu entscheiden, paßte einfach nicht zu ihrer Art, das Leben in den Griff zu kriegen. Planung, reifliche Überlegung, Abwägen, logische Folgerung, gelerntes Wissen, Sammeln von Informationen – auf dieses Denkgebäude stützten sie sich jahrhundertelang.

Das, so glaubten sie, könnte ihnen auch nicht so schnell streitig gemacht werden von einer Gruppe, die damit nicht

so gut zurechtkam (weil sie andere Möglichkeiten zur Verfügung und eingeübt hatte): von den Frauen.
Ein konventionelles Rollenverständnis verbot den Männern leichtes Experimentieren, ein vielleicht auch mal vorschnelles Raten, ungezwungenes Zulassen von Informationen – woher auch immer die kommen mochten.
Währenddessen gediehen die angeblich vor allem weiblichen Fähigkeiten zur Intuition. Verantwortlich zu sein für Hausfrieden und Harmonie, Pflege und Erziehung, Wohl und Wehe der Familie – das fördert Begabungen wie Hellhörigkeit und Klarsicht, Wahrnehmung und Einfühlungsvermögen. Talente, die einen guten Nährboden abgeben für die Gabe und das Geschenk, intuitiv zu handeln. Die Felder schienen klar abgesteckt.
Die richtigen Riecher, die glückliche Hand und die innere Stimme wollen die Männer heute aber nicht mehr so gern allein den Frauen überlassen. Weniger intuitiv als vielmehr knallhart kalkulierend entdecken sie zur Zeit die Intuition auch für sich. In den Chefetagen herrschen zunehmend die sogenannten »soft skills« vor, also jene »weichen« Führungsqualitäten, die bislang den Frauen vorbehalten waren: ganzheitliches Denken, soziale Kompetenz, Kommunikationsvermögen, Mitarbeiterorientierung und – Intuition! Vom Selbstfindungsseminar für Manager bis hin zur sensibilisierenden Männergruppe für Führungskräfte nehmen die Männer Nachhilfestunden in »soft skills«, daß man nur noch staunt.
Intuition aber kann weder gelehrt noch gelernt werden, sondern nur zugelassen. Freuen wir uns also einfach darüber, daß wir intuitiv unter ein bestimmtes Kissen greifen, wenn der Ehemann seine Brille sucht. Daß wir intuitiv eine lange nicht gesehene Freundin besuchen und sie im schlimmsten Liebeskummer antreffen und trösten können. Daß wir intuitiv die Bergtour abbrechen und im Tal erfahren, daß der Va-

ter mit einem Herzanfall ins Krankenhaus eingeliefert wurde. Und daß wir uns intuitiv umdrehen, weil wir spüren, daß uns jemand von weitem beobachtet. Womöglich lächeln wir ihm dann sogar zu. Ganz intuitiv.

2. Kapitel

Erkennen heißt, Gefühl fürs Gefühl entwickeln

Angelo: ein Beispiel für Empathie

Die Gruppe von Kunsthistorikern, Galeristen und Fachjournalisten bereitete in Mailand eine große Ausstellung vor. Einer der Teilnehmer war behindert. Er hatte Kinderlähmung, hinkte gewaltig und mußte seine Muskelschwäche und ein verkürztes Bein durch ausladendes Schlenkern mit dem freien Arm, mit dem er sich nicht auf seinen Stock stützte, ausgleichen. Sein Anblick war jammervoll. Er kam immer nur langsam vom Fleck, und man nahm viel Rücksicht auf ihn.

Nach einer Besprechung in der Galerie wollten alle in ein benachbartes Restaurant zum Essen gehen. Man machte sich gemeinsam auf den Weg. Auf der Straße hatten die Kunstfachleute, lebhaft diskutierend, schon bald einen kleinen Vorsprung. Der hinkende Nachzügler blieb zurück. Da drehte sich eine junge Galeristin um und rief halb lachend, halb ungeduldig: »Nun mach schon, Angelo, wie lange sollen wir denn noch warten!«

Die anderen erstarrten, peinlich berührt wegen der vermeintlichen Taktlosigkeit. Aber auf Angelos Gesicht breitete sich ein Strahlen aus, wie man es seit Jahren nicht mehr gesehen hatte.

Die Frau hatte nicht Rücksicht auf seine Behinderung genommen, sondern auf seine Gefühle. Sie hatte nicht Mitleid

walten lassen, sondern Einfühlungsvermögen. Mit feinem Instinkt hatte sie erspürt, wonach er sich wirklich sehnte: nämlich Gleichwertigkeit.
Diese Frau hat emotionale Intelligenz von hohen Graden bewiesen. Sie ist eine Meisterin im unbewußten Erkennen von Gefühlen – dem wahrscheinlich wichtigsten Beweis kluger Emotionalität.

Welche Streiche unsere eigenen Gefühle uns spielen

Freude statt Ekel

Das Erkennen von Gefühlen ist, wie gesagt, die zweite Stufe. Die junge Galeristin, die wir beobachteten, hatte sie schon erreicht. Mehr noch: Sie hatte ihr Erkennen unbewußt in ein kluges Verhalten münden lassen. Aber davon mehr im Kapitel »Handhaben«.
Das gewaltige Potential an Gefühlen, das Frauen zur Verfügung steht, muß also erst einmal wahrgenommen, erkannt, gedeutet und eingeordnet werden.
Erkennen – nichts einfacher als das? Sagen Sie das nicht. Gefühle neigen oft dazu, uns Streiche zu spielen. Sie kommen manchmal geballt und als Gefühlswirrwarr daher, wechseln sich dann wieder blitzschnell ab oder verstecken sich hinter einem völlig anderen Gefühl.
So schreibt zum Beispiel der Therapeut Bert Hellinger in seinem Buch »Anerkennen, was ist«: »Haß etwa ist nur die andere Seite der Liebe. Er entsteht, wenn jemand in seiner Liebe verletzt ist.« Oder: »Eine Wut kann ich als Ausdruck des Schmerzes sehen.«
Man muß genau hinschauen. Aber was nützt alle Achtsamkeit, wenn wir uns so leicht täuschen lassen? Gefühle kön-

nen uns nämlich auch ganz schön narren. Vor allem, wenn nicht die auftauchen, die wir erwarten.
Mir ging es im vorigen Frühjahr einmal so.
Nach einem langen Spaziergang durch dunkle Fichtenwälder kam ich an einen Waldrand. Vor mir lagen weite, sonnige Wiesen. Ich war überwältigt von dem romantischen Kontrast, der bilderbuchreifen Aussicht ins Tal – allerdings auch von dem Gestank, der mich von den frisch gedüngten Wiesen her traf. Das passende und erwartete Gefühl wäre jetzt eigentlich Ekel gewesen – wie für die meisten Stadtnasen.
Aber etwas ganz anderes bewegte mich. Ich stand wie vom Donner gerührt da und schnupperte gierig in die Luft. Tief sog ich den Ammoniakgeruch ein. Statt Ekel überkam mich ein bittersüßes, trauriges und zugleich wunderschönes Gefühl; eine unbestimmte Sehnsucht nach lange Vergangenem, vermischt mit Wehmut und Liebe.
Dann erst, Sekunden später, begann das Gehirn zu arbeiten und präsentierte mir die Erklärung. Es war eine Erinnerung, Jahrzehnte her:
Die geliebte (inzwischen längst verstorbene) Großmutter sitzt mit mir auf einer Bank an einem Waldrand – ich versuche, einen Kranz aus Gänseblümchen und Krokussen zu flechten – die Sonne wärmt schon – es ist ziemlich früh am Morgen – erster Ferientag – die Noten im Zeugnis waren nicht schlecht – die Eltern haben sich gefreut – nachher gibt es Frühstück – die Welt ist in Ordnung – das Leben ist schön – und es riecht nach frisch gedüngten Wiesen!
Auch ein »unpassendes« Gefühl kann also manchmal ein Geschenk sein!

»Irgendwie glücklich«

Ab und zu lieben es die Gefühle, in Rudeln daherzupreschen. Sie können sich zu Klumpen ballen. Nicht immer ist das bedrohlich. Im Gegenteil.

Lachen und Weinen sind zum Beispiel oft nah beieinander angesiedelt und können uns sehr wohl beide zugleich die Tränen in die Augen treiben. Wenn wir uns ein bißchen überdreht fühlen, wenn wir mit erregenden Situationen konfrontiert werden, beuteln uns unterschiedliche Empfindungen und scheinen uns zu zerreißen. Man kennt das auch aus Selbstfindungsseminaren und Sensibilitätstrainings.

»Emotionale Inkontinenz« nannte einmal der schon erwähnte Bert Hellinger lächelnd ein solches Verhalten. Mit dieser Bemerkung konnte er die emotionale Zerrissenheit der Klientin vorerst eindeutig in ein Lachen münden lassen.

Meinem alten Freund Dieter, einem Fußballfan, traten zum Beispiel regelmäßig nach einer Fußballübertragung im Radio die Tränen in die Augen. Und zwar, wenn »sein« Verein verlor ebenso, wie wenn er gewann.

Gefühlsstürme können überraschen, verwöhnen, ja sogar beglücken. Sie schenken Augenblicke, vielleicht ein paar Minuten lang, die wir später, wieder gefaßter und kontrollierter, nur noch als »irgendwie glücklichen Moment« bezeichnen (meistens grinsen dann die Umstehenden ein bißchen verständnislos).

Eine Reporterin berichtet: »Mich überfiel so ein emotionaler Großangriff einmal, als ich an einem Einzeltisch in einem Pariser Hotel saß. Solche Erlebnisse kommen ja fast nur vor, wenn man allein ist. Niemals könnte ich mich in ein so köstliches Aufgewühltsein fallen lassen, wenn ich jemanden dabeihätte. Ich würde mich wahrscheinlich ein bißchen schämen, wenn ich ihn auf dieses emotionale Gewitter aufmerksam machte. Und er würde mich für übergeschnappt halten.

Ich hatte jedenfalls einen langen, erfolgreichen Tag hinter mir, genoß das gute Essen, entspannte mich. Und da – wahrscheinlich weil ich so offen, gelöst und zufrieden mit Gott und der Welt war – brach es plötzlich geballt über mich her-

ein: Rührung und Mitleid mit einem älteren Paar, das sich den ganzen Abend über schweigend gegenübersaß. Ärger über eine dickliche Frau, die einen zu engen Pullover trug. Freude über die väterliche Liebenswürdigkeit und dezente Umsicht des Kellners. Stolz auf mein heute so gelungenes Interview. Und dann noch ein unerklärliches Fernweh. Die glitzernde Abendhandtasche einer Dame am Nebentisch erinnerte mich nämlich plötzlich an ein ähnliches Accessoire, das ich vor Jahren einmal in Acapulco gesehen hatte.
Diese irre Mixtur war ein köstlicher Gefühlscocktail. Ein bißchen benommen, wohlig und aufgeregt zugleich, tauchte ich erst wieder aus dem emotionalen Wechselbad auf, als ich die Rechnung verlangte.«

Horrorfilm und Achterbahn

Zwei völlig entgegengesetzte Gefühle können sich auch zu einem neuen, dritten mischen. Bekanntestes Beispiel neben der Haßliebe ist die Angstlust: Weshalb schauen wir uns freiwillig einen Horrorfilm an? Weshalb springen Menschen an einem Gummiseil in die Tiefe?
Hier wird kräftig in der Gefühlskiste gemischt. Wohlige Schauer und Gänsehaut, lähmende Angst und kribbelnder Kitzel. Und die Laute aus den aufgerissenen Mündern der Leute in der Achterbahn? Ist das noch Lachen oder schon Schreien? Auch das Kleinkind, das auf den Knien geschaukelt und vermeintlich nach hinten fallen gelassen wird, kreischt vor – nein, nicht Freude, sondern Angstlust!
Emotionen sind selten eindeutig. Selbst was spontan wirkt, ist Ergebnis eines komplizierten Ablaufs von Wahrnehmungen, Affekten und Gedanken. Eine heftige Regung ist immer auch mit Anteilen der Ratio sowie seelischen und körperlichen Zuständen verbunden, die wiederum zu Reaktionen und Handlungen führen.
Es ist umstritten, welche überhaupt die Grundgefühle sind.

Die meisten Wissenschaftler haben sich auf folgende acht Primäremotionen geeinigt: Wut, Trauer, Angst, Freude, Liebe, Überraschung, Ekel, Scham. Ihre Mischungen, Nuancen, Zusammensetzungen und Variationen aber sind unzählig.

Mittwoch: Trauer! Freitag: Neid!

Ich will ein wenig von meinen eigenen Gefühlen berichten und dem mutwilligen Spiel, das sie nur allzuoft mit mir treiben. Während ich an diesem Kapitel arbeite, habe ich mich für ein paar Tage in ein abgeschiedenes Hotel auf dem Land zurückgezogen. Meine Tagebucheintragungen verraten: Ich werde dort von den verschiedensten Gefühlen heimgesucht.

Donnerstag: Zweifel! »Werde ich dieses Kapitel so hinkriegen, wie ich mir das vorstelle?«

Samstag: Überdruß! »Wenn ich doch nur schon fertig wäre.«

Mittwoch: Trauer! »Wieso bin ich so allein hier? Überall Paare, alle verliebt!«

Freitag: Neid! »Sicher sind alle meine Freunde und Freundinnen gerade beim Segeln, gewinnen Tennisturniere, hören zu Hause gemütlich ein Mozart-Konzert, lachen miteinander, schlafen miteinander!«

Soweit die Gefühle, die in diesen Tagen auftauchen. Jetzt aber zu den Gegenmaßnahmen:

»Früh zu Bett«, rät die Dame am Nebentisch.

»Spät ins Bett«, rät der Barkeeper und schenkte den zweiten Wodka nach.

»Vergiß es für ein paar Tage, und erhole dich lieber mal richtig«, rät ein alter Freund am Telefon.

»Zwing dich an die Arbeit«, rate ich mir.

Was dann tatsächlich einen emotionalen Umschwung brachte, war etwas ganz Unerwartetes. Bei einem frühen Spaziergang, nachdem es nachts geregnet hatte und der Dunst noch durch die Bäume waberte, war es schlagartig da: das Gefühl der Zuversicht – eine schwer zu beschreibende Emotionsmischung, die mir Auftrieb, Selbstbewußtsein und neuen Schwung verlieh. Den Weg ins Hotel zurück lief ich.

Unsere Gefühle necken und beuteln uns, lassen uns manchmal lange hängen, tauchen unverhofft auf. Wer ihnen dann grollt, wer den Emotionen gegenüber nachtragend ist, wer diesen seltsamen und unberechenbaren Gefühlen nicht vergeben kann und nicht schmunzelnd mit ihnen wie mit alten Freunden zu leben versteht – der erkennt nicht ihre geheime und oft lange versteckte Intelligenz.

Jedes Gefühl will etwas sagen. Bei den Primärgefühlen ist die Botschaft ziemlich klar. Die Angst zum Beispiel hilft zu überleben. Der Ekel schützt vor Vergiftung. Die Liebe macht gesellig, heiter und empfängnisbereit. Die Wut verleiht Kräfte. Bei den Zwischentönen, den Mischformen und Kapriolen muß man schon genauer hinhören und die Mühe auf sich nehmen, sie in ihre Bestandteile zu zerlegen.

Machtkampf am Berg

Ein Beispiel für kluges Erkennen und Zuordnen und auch ein Beispiel für die gewaltige Macht eines Gefühls gegenüber der reinen Vernunft lieferte der Bergsteiger Reinhold Messner in einem Interview. Er schilderte, was vor Jahren im Himalaja mit ihm geschah, nachdem sein Bruder bei einer gemeinsamen Expedition tödlich verunglückt war. »Ich hatte das Gefühl, mein Bruder lebt und geht noch hinter mir. Aber der Verstand sagte mir: Er ist tot. Er ist unter eine Lawine gekommen.«

Messner konnte also selbst in jener Extremsituation noch gut zwischen Ratio und Emotion unterscheiden. Aber obwohl ihm sein Gehirn längst versichert hatte, daß alles zwecklos sei, suchte er stundenlang fieberhaft nach dem abgestürzten Bruder, verletzt und unter Lebensgefahr. Sein Gefühl hatte – wider besseres Wissen – mehr Macht über ihn als sein Verstand.

Der eingeklemmte Nerv

Erkennen und ganz bewußtes Formulieren eigener Gefühle kann andererseits auch wieder eine Befreiung von diesem Gefühl bringen. Manchmal kann so ein bewußtes Wahrnehmen sogar heilen. Zwei Beispiele:

Als ich gegen Ende einer langen Bahnfahrt immer gereizter und verkrampfter wurde, sagte ich mir: »Es ist Ungeduld, nichts weiter.« Damit schwand ein Teil der Ungeduld, und der Rest der Reise wurde erträglicher.

Eine Patientin, die bewegungsunfähig und schreiend vor Schmerzen mit einem eingeklemmten Nerv im Rücken ins Krankenhaus eingeliefert worden war, erzählte folgende Geschichte:

»Als mich zwei Helfer auf eine Untersuchungsliege gehoben hatten, betrat der berühmte Orthopädieprofessor den Raum. Da dachte ich: Jetzt hast du alles getan, mehr kannst du nicht unternehmen, du bist in den besten Händen. Das *dachte* ich. *Gefühlt* habe ich dann noch was: Hingabe, Geborgenheit, Zuversicht. Und ich nahm diese Gefühle auch dankbar und ganz bewußt an.

Als der Arzt dann langsam und behutsam mein Bein bewegte, ging das verblüffenderweise reibungslos. Was soll ich sagen: Die Schmerzen waren weg, noch bevor er mich behandelte. Ich stand, noch ganz zittrig und geschwächt, auf. Ich bewegte mich völlig normal. Allerdings hatte ich einen hochroten Kopf, so peinlich war mir die Situation.

Aber der erfahrene Mediziner lächelte beruhigend: ›Ich kenne dieses Phänomen. Es steckt keine Wunderheilung dahinter, sondern die Kraft Ihrer Gefühle. Sie haben vertraut, sich dadurch entspannt, und der Nerv lag wieder frei.‹«

Herr und Hund

Gemischte Gefühle, versteckte Gefühle, unpassende Gefühle: In einem Tagebucheintrag über Eifersucht notiert der

Schweizer Dramatiker Max Frisch: »Daher bleibt es nicht bei der Trauer, hinzu kommt die Wut der Scham, die den Eifersüchtigen oft gemein macht, rachsüchtig und dumm, die Angst, minderwertig zu sein.«
Frisch, offenbar selbst der Gebeutelte seiner Eifersucht, erwähnt hier in einem einzigen Satz eine Ballung von gleich fünf heftigen Grundemotionen. Sie alle können sich zum Beispiel zum Gefühl »Eifersucht« zusammentun.
Auch Thomas Mann beschreibt in »Herr und Hund« einen ihn selbst erstaunenden Widerstreit der Gefühle. Er hat seinen geliebten, manchmal aber auch ganz schön nervtötenden Hund Bauschan für einige Zeit in die Tierklinik bringen müssen und genießt anfänglich die hundefreie Ungebundenheit. Aber nach ein paar Tagen » ... stellte ich die sittliche Betrachtung an, daß die Fessel des Mitgefühls meinem eigenen Wohlsein zuträglicher gewesen war als die egoistische Freiheit, nach der mich gelüstet hatte.«

Ein Gefühl – wie Weihnachten?

Sich über seine Gefühle klarzuwerden, kann ein Spiel sein, eine abenteuerliche Entdeckungsreise, ein Hochgenuß. Deshalb reden die Menschen auch so gern über ihre Gefühle. In vielen Interviews öffneten sich Schleusen der Bekenntnisflut, sobald ich fragte: »Und wie haben Sie sich dabei gefühlt?« Der Redeschwall war dann kaum mehr zu stoppen.
Werden Sie – bevor es an die Gefühle der anderen geht – erst mal eine Meisterin im Erkennen und Deuten Ihrer eigenen Gefühle. Gönnen Sie sich den Spaß: Ist das jetzt Neid oder Eifersucht? Ist das Wut oder Angst? Scham oder Minderwertigkeitsgefühl? Freude oder Überraschung? Lust oder Liebe?
Lassen Sie sich nicht mehr so leicht hereinlegen von Ihren Gefühlen. Werden Sie die Chefin der oftmals frechen und aufmüpfigen Bande von Emotionen, und durchschauen Sie

die Streiche, die Ihnen von denen gespielt werden. Möglichkeiten zur neuen Selbstwahrnehmung ergeben sich nämlich täglich.
Was sind das zum Beispiel für Gefühle, die hinter Aussagen stecken wie:
Ein Gefühl – wie Weihnachten.
Ein Gefühl – wie alle umarmen zu wollen.
Ein Gefühl – wie wenn mein Blut gefriert.
Ein Gefühl – wie nach Hause kommen.
»Das Höchste«, so meint Goethe, »wozu ein Mensch gelangen kann, ist das Bewußtsein eigener Gesinnung und Gedanken; das Erkennen seiner selbst, welches ihm die Einleitung gibt, auch fremde Gemütsarten innig zu erkennen.«
Besser hätte man den Übergang zum nächsten Kapitel, in dem es um das Einfühlungsvermögen geht, nicht formulieren können.

Zauberwort Empathie: Die Gefühle der anderen erkennen

Hänschen klein

Eigentlich könnten wir uns das Thema »Empathie«, also Einfühlungsvermögen und Talent zur Anteilnahme, schenken. Frauen sind sowieso Meisterinnen in diesen Disziplinen. Manchmal aber sind sie allzu gut darin. Und was das an Ärger und Leid bringen kann – auch davon handelt dieses Kapitel.
Der Mensch ist ziemlich neugierig, was den Mitmenschen betrifft. Er beschäftigt sich gern mit dessen Haarfarbe, Titeln, Kontostand und Liebschaften. Was ihn schon weniger interessiert, sind die Gefühle seines Nächsten, dessen Stimmungen, Gemütslagen, Affekte, die emotionalen Schwachpunkte

oder Stärken, Neigung zum Jähzorn oder Hang zum Träumen – und all die unzähligen Befindlichkeiten dazwischen.
Dabei ist das Einfühlungsvermögen ein Zugangsweg der besonderen Art. Es ist der Königsweg zu Freunden und Gegnern, Vorgesetzten, Kunden und Nachbarn: Wer Menschenkenntnis hat, statt bloß Befriedigung der Neugier zu betreiben, ist nicht nur emotional intelligent, sondern vielleicht sogar emotional weise. Er entwickelt »Gefühl fürs Gefühl« und zeichnet sich dadurch aus, daß er im Dialog mit anderen fast immer das Richtige sagt, tut oder unterläßt und entsprechend gut mit ihnen zurechtkommt.
Mit traumwandlerischer Sicherheit Fühlung aufnehmen – das können nicht nur begnadete Psychoanalytiker, begabte Talkmaster, charismatische Manager und hochkarätige Charmeure beiderlei Geschlechts. Das können auch Sie und ich. Mit ein bißchen Übung.
Es ist erwiesen, daß Frauen Gefühle und körperliche Stimmungssignale schneller und besser erkennen als Männer. Das Gespür für nonverbale Botschaften, die Antennen für unsichtbare emotionale Schwingungen, die »Nase« für Atmosphären, instinktives Reagieren auf die Befindlichkeiten ihrer Mitmenschen – das alles ist bei ihnen gut ausgebildet. Daher ihr Vorsprung bei der Intuition, ihre Souveränität des Feingefühls, ihre Überlegenheit in mitmenschlicher Anteilnahme.
Die Wissenschaft hat – vorerst – eine Erklärung dafür bereit: Die Wahrnehmungsfähigkeit der Frauen verteilt sich mehr über die gesamte Großhirnrinde. Mit anderen Worten: Sie können schneller umschwenken zwischen rechter und linker Hemisphäre, zwischen Rationalem und Emotionalem. Sie verfügen dadurch über ein komplexeres Instrumentarium, um auf ihre Umwelt einzugehen und zu reagieren.
Das bringt Durchlässigkeit mit sich: für eigene Gefühle und für die Gefühle anderer (mit einer großen Ausnahme, aber davon später mehr). Leider birgt diese sensible Dünnhäutig-

keit auch eine oft schmerzhafte Empfänglichkeit für die negativen, vergiftenden, demoralisierenden Gefühle der Mitmenschen.
Was aber erreichen gute Empathiker erst mal an tatsächlich Gutem? Es ist ziemlich einfach: Wer Empathie einsetzt, erntet Sympathie, das ist die Faustregel. Ein Mensch, der sich einfühlen kann, mitschwingen und nachempfinden, wirkt kontaktfreudig, verbindlich und warmherzig.
Einen brillanten, jungen Spitzenempathiker namens Hans haben wir übrigens alle schon früh kennengelernt: »Hänschen klein, ging allein, in die weite Welt hinein (...) aber Mutter weinet sehr, hat ja nun kein Hänschen mehr. Da besinnt sich das Kind – eilet heim geschwind.« Da konnte sich jemand mit ganzem Herzen in jemand anderen hineinversetzen. Und handelte danach.

Der Trick des Talkmasters

Gute Empathiker verraten sich, weil zum Beispiel ihre Mimik spiegelt, was der andere fühlt. So verziehen Mütter mitfühlend das Gesicht, wenn sie sich über ihr weinendes Baby beugen; der Hochzeitsgast, der einer glücklichen Braut gratuliert, strahlt sie an; wer auf der Beerdigung kondoliert, dessen Gesicht drückt Trauer aus; ein guter Zuhörer geht mimisch mit, wenn jemand eine spannende Geschichte erzählt. Bestes Beispiel: die Horde kleiner Empathieprofis im Zuschauerraum des Kasperletheaters. Und was ist mit all den Hunden, die sich beim Ehestreit still aus dem Zimmer verziehen? Und mit all den Katzen, die sich zärtlich an ein weinendes Kind schmiegen? Stimmungsübertragung der Spitzenklasse scheint nicht nur auf Menschen beschränkt zu sein.
Ein erstklassiger Empathiker ist übrigens der Talkmaster Alfred Biolek. Der Psychologe Gert Semler hat ihn beobachtet und schreibt über ihn: »(...) schafft es Biolek (...), eine ver-

trauensvolle, ja fast private Gesprächsatmosphäre herzustellen (...) Er nimmt eine ähnliche Körperhaltung ein, gleicht sich in der Tonhöhe und in der Sprechgeschwindigkeit an, und sein Gesichtsausdruck wechselt – je nachdem, wie sich sein Gesprächspartner gerade fühlt.«
Die Verhaltensforscher kennen dieses sogenannte unbewußte »Haltungsecho« auch von verliebten jungen Leuten, alten Freunden, vertrauten Ehepaaren: Da beugen sich dann zwei Leute im gleichen Winkel über ein Geländer, greifen gleichzeitig zum Glas, stützen sich in parallelen Gesten auf ihre Spazierstöcke, lehnen sich im gleichen Winkel an eine Wand, neigen sich im selben Augenblick zueinander. Hier wird Empathie sogar körperlich sichtbar.

- Wer aber keinen Zwischenbescheid gibt, wenn er sich nach einer Bergtour verspätet, kann sich in die Sorge der Daheimgebliebenen nicht hineinversetzen und hat kein Vorstellungsvermögen.
- Wer eine gestreßte Kellnerin mit langatmigen Fragen nach der Zusammensetzung der Salatsauce aufhält, hat kein Feingefühl.
- Wer eine Frau, deren geliebter Hund gestorben ist, mit den Worten abspeist: »Hab dich doch nicht so, es war doch nur ein Tier«, hat kein Mitleid.

Vorstellungsvermögen, Feingefühl und Mitleid sind Voraussetzung für Menschenkenntnis und Grundpfeiler des reibungslosen Umgangs mit anderen. Wichtig beim stillen und hochsensiblen Achten auf die Gefühle der anderen ist, sie nicht zu bewerten. Sobald wir zensieren, loben oder tadeln, mindert das die Qualität unserer Aufmerksamkeit.
»Ich finde es dumm, daß sie gekränkt ist«, »Er sollte jetzt aber nicht so wütend werden«, »Wie kann sie nur so ängstlich sein« – das sind Sätze, die augenblicklich die Empathie schrumpfen lassen. Wir brauchen ja nicht gleich die Emotio-

nen anderer zu teilen, aber wir müssen sie erkennen als das, was sie sind: Gefühle, die gerade jetzt einen Menschen befallen, warum auch immer. Verstehen ist etwas anderes als zustimmen.
Und warum – neben der Wachsamkeit für die Gefühle anderer – Empathie nicht mal als menschenfreundliches persönliches Machtmittel einsetzen? Tür und Tor werden sich für uns öffnen, wenn wir erst mal das Herz des Gegenübers geöffnet haben.
Es geht nicht um eiskaltes Fixieren und tückisches Aushorchen. Hier soll nicht verstohlen beobachtet oder heimlich manipuliert werden. Es soll »sich eingefühlt« werden. Die Brücke zum Gefühl des anderen kann nur über das eigene Gefühl geschlagen werden. Dann allerdings kann eine Verbindung entstehen, die über gleiche Gesinnung, ähnliche Ansichten, denselben Geschmack oder benachbarte Intelligenzquotienten weit hinausgeht.

Wenn das Einfühlungsvermögen durchdreht

Gefahr für Sensible

Wo viele Männer beeindruckend gut gelernt haben, gemütlich abzublocken, stur dichtzumachen oder geschickt auszunützen, sind Frauen nach wie vor kaum geschützt vor den negativen Emotionen ihrer Mitmenschen. Sie können schlecht filtern und aussieben. Sie beziehen alles auf sich. Sie »nehmen persönlich«. Sie überreagieren. Männer und Frauen trennen hier Welten – Gefühlswelten. Wieso also sollten wir unser Einfühlungsvermögen dann überhaupt noch steigern?
Nicht steigern – sondern kanalisieren!
Frauen empfinden positive wie negative Emotionen stärker als Männer. Also müssen sie härter daran arbeiten, auch ihre

Reaktionen auf alle Gefühle, die durch die Welt wabern, unter Kontrolle zu bringen. Ihr Talent zum reicheren Gefühlsleben bringt zugleich die Pflicht und die Mühe mit sich, sorgsamer damit umzugehen. Durch ihre gesteigerte emotionale Empfänglichkeit werden Frauen nämlich immer wieder provoziert, gekränkt, reingelegt, gebeutelt, ausgenützt, überwältigt, emotional vergewaltigt. Beileibe nicht nur von Männern. Auch von Geschlechtsgenossinnen, Kindern, Situationen und den Wechselfällen des Lebens überhaupt.

Jeder im Umkreis spürt diese Dünnhäutigkeit bald. Die Raffinierteren und Kaltblütigeren nutzen sie umgehend. Vorgesetzte erheben die Stimme, um sich »wütend« zu geben und ihre Autorität damit zu manifestieren. So schaffen sie es meisterhaft, Untergebene einzuschüchtern und Schuldgefühle zu wecken. Wem das so leichtgemacht wird, der nutzt gern die Gelegenheit, Selbstzweifel, Minderwertigkeitsgefühle und Ängstlichkeiten bei Frauen abzurufen.

Beispiele gibt es genug: Wir lassen uns einen Abend verderben, wenn unser Begleiter sich nicht amüsiert. Wir leiden zu sehr mit der migränegeplagten Mutter. Wir ducken uns unter dem Mißmut einer Kellnerin und unter dem Neid eines Kollegen. Zu rasch fragen wir nach unserem Anteil an einer faden oder aggressiven Atmosphäre und wollen Verantwortung übernehmen. Schluß damit!

Ein Gegengift gegen üble Stimmungen?

Bewußt wahrnehmen, statt sich unmittelbar überschwemmen zu lassen von dem »Gefühl« eines schreienden Chefs, einer beleidigten Freundin, eines gelangweilten Geliebten, einer tobenden Kollegin. Den Kopf über der Wasseroberfläche dieser Flut von Emotionen behalten.

Denn Gefühle färben ab und stecken an. Und deshalb sind sie manchmal nichts weiter als eine raffiniert und treffsicher eingesetzte Waffe. Sie trifft immer: vor allem Frauen.

- Was ist zum Beispiel mit der Wut eines Mitmenschen, die auch mich wütend macht?
- Und was ist mit der Wut eines anderen, die bei mir nicht Wut, sondern Angst auslöst?
- Was ist mit dem Mißmut eines Begleiters, der mir die Laune verdirbt?
- Was ist mit Trübsinnigkeit, die bei mir Schuldgefühle hervorruft?
- Was ist mit einem giftigen Umgangston, der eine Begegnung unangenehm macht?

Wir müssen uns wappnen. Dazu gehört, die Gefühle anderer besser zu deuten, auf ihren Ehrlichkeitsgehalt hin zu prüfen, sie zu durchschauen und gegebenenfalls als Druckmittel zu entlarven. Erst dann, wenn wir sie als unecht ausgemacht haben, können wir uns darüber hinwegsetzen.

Dumme und kluge Blindheit

Manchmal sieht man nur unscharf, manchmal verzerrt, manchmal blendet etwas. Besonders blind für die Signale der Gefühle wird der Mensch, wenn Verliebtheit den Blick trübt oder die bekannte rosarote Brille so ziemlich alles verfremdet. Wenn es dann auch noch um die Sexualität geht, sind Männer Spitzenreiter im Scheuklappentragen.
In einem amüsanten Experiment setzten Psychologen eine attraktive Studentin an eine Bar. Sie sollte kurz den Blick über die anwesenden Männer schweifen lassen und sich dann gelangweilt abwenden. Danach wurde ein Video von der Szene männlichen Studenten vorgespielt. 44 Prozent von ihnen beurteilten die Dame als »auffordernd« und »scharf auf die Männer«. Sie waren blind für die abweisenden Signale.
Aber auch die weibliche Gefühlsblindheit ist eine besondere. Und damit kommen wir zu der einzigen »Schwachstelle« weiblicher Empathie.

Frauen können zwar genauer als Männer mimische Informationen aufnehmen – aber sie sind im Erkennen von Lügen hilflos! Alle Gefühle, die sich hinter einem bestimmten Tonfall oder einer Geste verbergen, deuteten weibliche Versuchspersonen in zahlreichen psychologischen Experimenten und Tests richtig. Nur eine einzige entdeckten sie nicht: Verlogenheit. Sich widersprechende Informationen, hinterhältig treue Blicke, verstellte Stimmen, geheuchelte Aufrichtigkeit – und der Durchblick der Frauen ließ sie im Stich.
Die amerikanischen Wissenschaftler Robert Rosenthal und Bella DePaulo, die diese Beobachtungen beschrieben, stellten anschließend eine gewagte und spannende These auf: Dieser Defekt in der Wahrnehmung von Lügen sei kein Mangel, sondern im Gegenteil ein Zeichen von ganz besonderer sozialer Intelligenz!
Frauen übersehen demnach kleine Lügen, weil der Umgang der Menschen miteinander dann reibungsloser verläuft. Die ultimative weibliche Klugheit besteht also möglicherweise darin, so manche Unaufrichtigkeit durchgehen zu lassen, um das soziale Leben funktionsfähiger zu machen. Hier hat sich eine vermeintliche Schwachstelle als soziale Stärke emotionaler Intelligenz entpuppt.

Sensitivität – das Charisma der Führungskräfte

Wie im Berufsleben inzwischen mit Gefühlen gearbeitet und was von emotionalen Fähigkeiten gehalten wird, belegen einige der neuesten wissenschaftlichen Aussagen.
Die Hamburger Wirtschaftsprofessorin Sonja Bischof zum Beispiel fordert »kommunikative Fähigkeiten des Zuhörens, der Empathie und Einfühlung« von Spitzenleuten. Führende Unternehmensberater setzen zunehmend auf »Charisma« bei Chefpositionen. Einige der Haupteigenschaften charismati-

scher Persönlichkeiten: »Sensitiv für die Umwelt dasein«, »ein Gespür für die Bedürfnisse und Fähigkeiten der Untergebenen haben«, »Achtung, Vertrauen und Zuneigung hervorrufen, und zwar kraft der Persönlichkeit«.

Das lehrt inzwischen sogar ein Profiempathiker: Professor Samy Molcho, einst ein weltbekannter Pantomime, heute ein nicht weniger gefragter Seminarleiter und Ratgeber für ehrgeizige und aufstrebende Karrieristen. In seinen vergnüglichen Körpersprachekursen lehrt er unter anderem Einfühlungsvermögen fürs Berufsleben. Im Angebot: »Erfahren Sie, wie Sie die unhörbaren Botschaften Ihres Geschäftspartners verstehen« oder »Erkennen Sie, wann Ihr Verhandlungspartner bereit ist, den Vertrag zu unterschreiben«.

Ein guter Empathiker im Job ist nicht passiv, sondern aktiv. Er läßt sich nicht überwältigen von den Gefühlen anderer, sondern nutzt sie. Leute mit Einfühlungsvermögen merken, wann der günstige Zeitpunkt für die Bitte um Gehaltserhöhung gekommen ist. Sie spüren sekundenschnell, welches Argument in der Konferenz greift, ob die anderen abblocken oder sich öffnen, ob der Kunde »reif« ist oder nicht, ob man jetzt etwas sagen sollte oder »besser« den Mund hält.

»Stur bleiben oder nachgeben, die treffende Frage stellen oder sie gerade im Gegenteil unterlassen, eine Geste machen, die paßt, ein Lächeln, auf das gewartet wurde – das sind die Leistungen der Spitzenempathiker im Berufsleben«, erklärt ein Unternehmensberater.

Daraus erst entstehen die Kräfte, dem Mobbing zu begegnen, Verantwortung zu übernehmen, Benachteiligungen zu bekämpfen, mit Kollegen besser auszukommen, erfolgreicher zu werden. Wer es versteht, mit den Stimmungen (und manchmal auch den Launen) anderer gut umzugehen, hat Führungsqualitäten.

Die reine Rationalität hat im Berufsleben offenbar endgültig ausgespielt. Der Berliner Psychologe Jürgen Hesse, der Bücher zum Training des Intelligenzquotienten herausgibt, meint, daß jeder Gedanke nur so klug sei wie die Handlung, die er auslöse. Zum Handeln aber bedarf es der Motivation. Und die wiederum, so Hesse, sei mehr Sache des Gefühls als des Verstandes.

Eine ärgerliche Blindheit berufstätiger Frauen ist die gegenüber ihrem eigenen Einfluß. Die Suggestionskraft, die sie durch ihre sensible Aufnahmebereitschaft für die Gefühle anderer erreichen können, nutzen sie nicht aus. Sie unterschätzen sich und vergeuden damit enorme Machtmöglichkeiten.
Eine international bekannte Hochschullehrerin und Seminarleiterin bekennt: »Es war ein klammheimliches, köstliches Machtgefühl, als ich – noch als Studentin – bei meinem ersten Referat an der Universität merkte, wie ich die Zuhörer beeinflussen konnte. Ich spürte instinktiv ihr Mitschwingen mit meinen Worten und begann, damit zu spielen. Es funktionierte. Nicht nur die Worte, die ich sagte, sondern auch die Gefühle, mit denen ich sie vorbrachte, zeigten Wirkung. Das schaukelte sich dann gegenseitig auf. Ich konnte Langeweile und Lachen, Spannung und Entspannung, Widerspruchsgeist, Ärger, Überraschung und Enttäuschung direkt körperlich fühlen und lenken. Ich hatte sie in der Hand. Es war berauschend.«
»Sie konnte mitreißen. So wurde sie hinreißend«, ergänzt ein Kollege mit einer Mischung aus Bewunderung und Neid.
Der Charme von Menschen mit einem guten Einfühlungsvermögen und der Zauber, den sie auf uns ausüben, ist erlernbar. Er beginnt mit Aufmerksamkeit. Ein Unterton, ein verräterisches Zucken, eine Änderung der Gesichtsfarbe, das Spiel der Hände, eine Erweiterung oder Verengung der Pupillen, das Zurücklehnen, der Atem – alles das sind sichtbare und hörbare Signale.

Schärfen Sie den Blick, und spitzen Sie die Ohren. Die Welt wird spannender.

3. Kapitel

Handhaben: Vier Zutaten gehören zum genußreichen und bekömmlichen Gefühlsleben

Bevor Sie das Rezept ausprobieren

Machen Sie sich nie mehr wegen eines Gefühls, das Sie überkommt, irgendwelche Vorwürfe! Haben Sie nie mehr wegen einer Emotion ein schlechtes Gewissen! Lassen Sie es sich gesagt sein: Es gibt einfach kein Gefühl, dessen Sie sich schämen müßten!

Jedes Gefühl hat seinen (guten) Grund. Jede Emotion entsteht in Ihnen aufgrund eines komplizierten Zusammenspiels von Erinnerungen und Instinkt, Erziehung und Einfluß, Gelerntem und Erfahrung, Urtrieben und Gehirnstruktur. Das Gehirn vollbringt Höchstleistungen, um Gefühle entstehen zu lassen. Weltweit versuchen zur Zeit die Neurobiologen, diese komplexe Meisterleistung zu entschlüsseln.

Ihre Gefühle sind Teil dessen, was Sie zum Leben, zum Überleben und zum Lebendigsein mitbekommen haben, sind Teil Ihrer Ausstattung. Und nicht der schlechteste. Gefühle informieren uns schließlich mehr als alles andere über unser höchstpersönliches Verhältnis zur Umwelt. Sie verraten uns, wie wir Menschen einschätzen, Situationen bewerten und Probleme lösen sollen – und zwar auf eine Art und Weise, die allein auf uns und unser Wohlergehen zugeschnitten ist. Emotionen zu leugnen, zu verhöhnen, zu bereuen und zu bekämpfen, sie abzuwerten oder sich ihrer zu schämen ist also fast schon ketzerisch. Auf jeden Fall ist es undankbar.

»Soll ich für ein Gefühl wie Haß oder Trauer auch noch dankbar sein?« fragte in einer Frauengruppe empört eine 42jährige Kosmetikerin, die eben von ihrem Mann wegen einer 21 Jahre alten Studentin verlassen worden war.
Ja, sollte sie. Denn diese Gefühle wollen ihr schließlich etwas mitteilen. Jetzt ist es an ihr, aufmerksam hinzuhorchen, sie zu deuten, sie eine Zeitlang zu nutzen – und sie danach wieder in ihre Schranken zu weisen.
Gefühle sind naturgegeben. Finden Sie sich damit ab. Sie finden sich ja auch mit Sommer und Winter ab, mit Katzen, Menstruationen, dem Gras und dem Meer. Nehmen Sie Ihre Emotionalität also nicht nur hin, sondern nehmen Sie sie auch an wie ein Geschenk.
Emotional intelligente Frauen verlieren dabei eine Sache nie aus den Augen: den persönlichen Umgang mit diesem Geschenk, sozusagen dessen Erhaltung und Pflege. Dazu zählt:

- wie Sie Gefühle erkennen und einordnen
- wie Sie sie sich selbst erklären und Ihren Mitmenschen »verkaufen«
- wie Sie sie ihn schädlich oder gesundheitsfördernd einteilen
- daß Sie sie ausagieren oder zurückdämmen
- wie Sie Ihre Emotionen »erziehen« – ob Sie mit ihnen spielen oder sich von ihnen auf der Nase herumtrampeln lassen
- wie Sie von ihnen hereingelegt werden
- wie Sie sie im Griff haben oder ihnen unterliegen
- wie Sie abhängig von ihnen werden oder ihnen vielleicht sogar schon hörig sind.

Erst wenn Ihnen der Umgang mit Ihren Gefühlen mißlingt, dürfen Sie abwerten (allerdings nicht die Gefühle, sondern Ihre eigene mangelnde Kontrolle über sie).
Erst wenn Sie sich oder anderen oder der Sache, um die es geht, schaden, dürfen Sie sich schuldig fühlen.
Erst wenn Sie wutentbrannt Ihre (eigene) Jugendstilvase an

der Wand hinter dem Kopf Ihres Geliebten zerschellen lassen, dürfen Sie bereuen.
Erst wenn Sie Ihre schrille Stimme und Ihre Beleidigungen (haarscharf unter die Gürtellinie Ihres Gegners plaziert) später von einem Tonband abhören, dürfen Sie sich schämen.
Erst wenn die Kollegin mit der schlechteren Ausbildung, aber dem größeren Selbstvertrauen Ihre Vorgesetzte geworden ist, weil Sie sich aus Kleinmütigkeit nicht um den Job beworben haben, dürfen Sie Ihre Zaghaftigkeit verteufeln.
Wer einen hohen weiblichen Emotionsquotienten aufweist, mischt gewöhnlich vier Dinge zu allen Gefühlen: 1. Vernunft, 2. Selbstbewußtsein, 3. Gelassenheit, 4. Freundlichkeit. Wie das gehen könnte, behandelt das folgende Kapitel.

Vernunft – Herz und Hirn, als Team unschlagbar

Der Maler braucht zusätzlich zum Musenkuß noch die Technik, die Schneiderin zum Geschmack auch das Geschick, der Bergsteiger zum Mut noch die Ausrüstung und der Entwicklungshelfer zur Nächstenliebe auch die Mittel. Frauen brauchen zu ihren Gefühlen: Vernunft.
Ich höre den Aufschrei! Wieso? Sind wir vielleicht unbeholfene Dummchen? Natürlich nicht. Ich meine vielmehr eine überlegtere Handhabung der Emotionen: Herz *und* Hirn, Seele *und* Verstand, Emotion *und* Rationalität. Diese Mixtur, und zwar im jeweils optimalen Mischungsverhältnis, wird dem überreichen Schatz weiblicher Gefühle gerecht. Die Talente, die Frauen auf der Gefühlsebene haben, sollten nie mehr einerseits brachliegen, andererseits vergeudet werden.
Meisterwerke zwischenmenschlichen Umgangs und realer Lebenskunst können entstehen, wenn klüger mit Angst und Liebe, Scham und Freude umgegangen wird.
Gefühl, gepaart mit rationaler Intelligenz, hat jedoch absolut

nichts mit den raffinierten Taktiken sogenannter »kluger Frauen« und den spitzfindigen »Waffen einer Frau« zu tun. Zum Glück aus der Mode und unter jeglichem Niveau ist das weibliche Klischee der alles Verstehenden und vieles Verzeihenden, die in einer klebrigen Mischung aus Mitleid und Verachtung ihre Männer gewähren lassen – den Blick hinter deren Rücken freilich gen Himmel gerichtet.

Dieses menschen- und männerverachtende Handeln, das uns unsere Großmütter noch glaubten anraten zu müssen, war letztlich nichts als ein Ausweg unterdrückter Frauen, die sich als minderwertig empfanden und deshalb heimtückisch handelten.

»Gib einem Mann stets recht«, sagte einmal eine kapriziöse alte Dame zu mir, »dann kannst du ja immer noch tun, was du willst; deine wirklichen Gefühle müssen ja nicht unbedingt verraten werden.« Ich hielt mich nicht daran. Denn das degradiert in meinen Augen die Männer. Und es verbiegt die Gefühle der Frauen.

Gefühl, gepaart mit Intelligenz, hat auch nichts damit zu tun, sich nunmehr in einen eiskalten Racheengel zu verwandeln oder auf Kommando die Tränen herauszupressen, Orgasmen vorzutäuschen oder Leidenschaft zu heucheln. Die Intelligenz, die ich meine, ist nicht die Unterdrückerin von Emotionen, sobald sie uns nicht in den Kram passen, sondern eine Begleiterin. Sie soll nicht die Spontaneität dämpfen. Sie ist vielmehr eine Weggefährtin der Empfindungen. Beide halten sich vielleicht an der Hand im unwegsamen Gelände des nicht immer leichten Alltags. Mal führt die eine, mal die andere. Als Gespann sind sie unschlagbar.

Manchmal muß einem diese Erkenntnis ziemlich brutal beigebracht werden:

Der berühmte alte Mann stand vorne am Rednerpult, hundert gebannte Zuhörer vor sich. Dann bat er ein paar von ihnen zu sich auf die Bühne und fragte sie nach ihren Pro-

blemen. Ich war eine davon. Meine Ehe war gerade zerbrochen. Ich fühlte mich todtraurig. Und ich hatte mir dieses Unglücklichsein nicht nur in den letzten Wochen immer wieder selbst vorgesagt, sondern ich platzte damit auch jetzt in der Öffentlichkeit dieses Fortbildungskurses heraus.
Die Frage, die mir der amerikanische Analytiker Albert Ellis daraufhin stellte, schockte die Zuhörer (alle selbst Psychoanalytiker und Psychotherapeuten) und empörte mich: »Hat Ihnen denn irgendwer versprochen, daß Sie eine Garantie aufs Glücklichsein hätten?«
Erst fühlte ich mich gekränkt, aber dieser Zustand dauerte nicht lange an. Irgendwie hatte er den Nagel auf den Kopf getroffen mit seiner (aufmerksamen und anteilnehmenden) Kaltschnäuzigkeit. Schon auf dem Heimflug von diesem Seminar mußte ich ein bißchen grinsen über seine lakonischen Worte. Und als ich zu Hause war, war ich zwar nicht gerade glücklich, aber doch wesentlich weniger unglücklich als zuvor.
Professor Albert Ellis ist der weltbekannte Gründer der RET, der »rational-emotiven Therapie« – ein Begriff, der auf den ersten Blick in sich einen Widerspruch zu bergen scheint. Er sagt: »Ich gehe davon aus, daß lang anhaltende negative Emotionen, wie schwere Depressionen, Angst, Wut und Schuldgefühle, im menschlichen Leben fast immer vermeidbar sind und daß man sie ausmerzen kann, wenn die Menschen lernen, konsequent richtig zu denken und diesem Denken entsprechend effizient zu handeln.«
Das innere Selbstgespräch, das Grübeln und Wiederholen, das ewig gleiche Wälzen von verbohrten Gedanken, nicht enden wollende Erinnerungsschleifen und Befürchtungen macht Ellis für vielerlei Kummer verantwortlich. Wem es gelingt, den fatalen Monolog zu verändern und durch positivere, liebevollere (manchmal auch freche, wollüstige oder bos-

hafte) Gedanken zu ersetzen, der kriegt auch seine üblen, ihn selbst so vergiftenden Gefühle schneller in den Griff.
Ein beliebtes Beispiel ist der Liebeskummer. Wenn Sie sich seine häßlichen Zehen, seine faden Cannelloni und seine Stammtischwitze in Erinnerung rufen, bringt das garantiert Erleichterung.
Schon der griechische Philosoph Epiktet meinte im 1. Jahrhundert v. Chr.: »Die Menschen werden nicht durch Dinge beunruhigt, sondern durch die Ansichten, die sie darüber haben.« Und Shakespeare formuliert in »Hamlet«: »Nichts ist weder gut noch schlecht – das Denken macht es so.« Höchste Zeit also, Ansichten und Denken dem überwältigenden Wust der Gefühle entgegenzuhalten, damit sich beides, Gefühl und Vernunft, zu unserem Besten gegenseitig beeinflussen und befruchten.
Hanna, eine 33jährige Redakteurin, mit der ich einmal zusammenarbeitete, hat es mir einleuchtend erklärt: »Ich lasse meine Gefühle nicht mehr nur chaotisch wuchern und wallen. Ich habe einfach die Zügel straffer angezogen. Ich habe begonnen, mich ›emotional zu bilden‹.«
Der Analytiker Abraham H. Maslow schildert in seinem Werk »Motivation und Persönlichkeit« die spannenden Zusammenhänge zwischen Gefühlen und Gedanken. Ihre gegenseitigen, manchmal wunderbaren Einflüsse funktionieren also auch andersherum: »... die emotionellen Aspekte der Erkenntnis, zum Beispiel der Auftrieb, der sich mit der Einsicht einstellt; die beruhigenden Wirkungen des Verstehens, der Akzeptierung und der Versöhnlichkeit, die das Ergebnis des tieferen Verständnisses für schlechtes Benehmen ist (...). Bei gesunden Menschen wirken Erkenntnisse (...) und Affekt viel mehr zusammen, als sie (...) wechselseitig ausschließend sind.«
Die Vernetzung von Herz und Hirn läßt sich also in beiden Richtungen feststellen: Nie mehr vergaß ich jene französi-

schen Verben, die ich, auf einer karierten Decke am See liegend, lernte, während ein rothaariger Jüngling, in den ich sehr verliebt war, tolldreist meinen Oberarm küßte.
Man sollte nicht mehr Emotion *gegen* Rationalität oder Herz *gegen* Hirn ausspielen, sondern beides zusammen nutzen! Denn man kann sich nicht nur unglücklich *fühlen*, sondern auch ganz schnell und unwiderruflich unglücklich *denken*. So wie man sich krank oder gesund denken kann, wütend oder weinerlich, schüchtern oder schuldbewußt.
Die kühle Vernunft brauchen wir auch noch für andere Aspekte des geschickten Umgangs mit Emotionen. Um das bekömmliche Mittelmaß zwischen »himmelhoch jauchzend« und »zu Tode betrübt« einzuhalten, müssen wir sozusagen einen Schritt zurücktreten und die Sache mit einem Schuß Verstand betrachten.
Eine der heftigsten Schmerzerfahrungen meines Lebens erlitt ich, als ich aus Wut gegen ein Stuhlbein trat. Zwei Dinge hatte ich (eben weil ich nicht den – gedanklichen – Schritt zurückgetreten war) nicht bedacht: Ich war barfuß, und das Möbelstück war ein schwerer Renaissancestuhl. Ein besseres Beispiel für emotionale Dummheit läßt sich kaum finden.
Und jetzt eines für emotionale Intelligenz: Der kluge und gebildete Millionenerbe Jan Philipp Reemtsma antwortete nach seiner Freilassung aus der Gefangenschaft von Erpressern (in einem Interview der *Süddeutschen Zeitung* vom 6. 5. 1996) auf die Frage, ob ihm nur noch das Warten und Hoffen geblieben sei: »Nicht zuviel Hoffen. Das ist der Satz aus dem Faust II: Zwei der größten Menschheitsfeinde, Furcht und Hoffnung. Ich habe versucht, immer diese Eskalationen zu vermeiden, in beiden Richtungen. Die zu große Hoffnung, die dann enttäuscht wird, führt zum anderen Extrem, und das wollte ich vermeiden. Ich habe immer versucht, eine gewisse depressive Mitte in meinen Gefühlen zu halten.«
Nicht zuletzt diese hochgradige emotionale Intelligenz ließ

den Gefangenen den Alptraum der Entführung einigermaßen gesund an Leib und Seele überstehen.
In seinem neuesten Buch »Dem Sinn des Lebens eine Zukunft geben. Eine Psychologie für das dritte Jahrtausend« fordert der amerikanische Psychologe Mihaly Csikszentmihalyi, »das Denken zu kontrollieren« (nachdem es ja bis vor kurzem ganz im Gegenteil noch aus allerhand Zwängen zu befreien war). Dasselbe gilt für unsere Gefühle. Nach der schicklichen Unterdrückung und dem darauf folgenden modischen »Ausleben« ist jetzt der kontrollierte Umgang mit ihnen angesagt. Und Kontrolle braucht in diesem Fall nun mal – Intelligenz.

Selbstbewußtsein – nichts wie raus mit den unterdrückten Gefühlen, wenn der Kragen platzt

Jetzt haben Sie gerade seitenlang darüber gelesen, wie man mehr kühle Vernunft zur Emotionalität mischt – und jetzt scheint dieses Kapitel der vorigen These zu widersprechen: Nicht zu viel nachdenken! Bloß weg mit der störenden Rationalität! Nicht lang überlegen! Dem Gefühl vertrauen!
»Also was jetzt?« mögen Sie sich nun fragen.
»Man soll seinem Gefühl folgen, (…) da wir leicht in pflichtmäßiges Gewäsch verfallen, wenn wir erst nachsinnen«, spottete schon der Schriftsteller Georg Christoph Lichtenberg im 18. Jahrhundert.
»Auch ist nicht zu leugnen, daß die Empfindung der meisten Menschen richtiger ist als ihr Räsonnement. Erst mit der Reflektion fängt der Irrtum an«, schrieb am 30. Juli 1799 Friedrich Schiller an seinen Kollegen Goethe.
Geschicktes Management der Emotionen ist ein Balanceakt (wie jedes geschickte Management); eine Gratwanderung

also zwischen Ausgeliefertsein und Leugnen. Gefühle zuzulassen, sie zu zeigen und stolz auf sie zu sein, hat nichts mit dem Vernachlässigen einer intelligenten Handhabung zu tun. Im Gegenteil.

Gefühle besitzen ihre eigene Intelligenz. Sie sind weise, ihre Signale sind Gold wert. Sie verdienen unser geballtes, uneingeschränktes Vertrauen. Und da unsere Gefühle schließlich von uns selbst produziert werden, ist die Art unseres Vertrauens in sie nichts anderes als – Selbstvertrauen. Wir aber trauen uns nicht, jedem Gefühl die Ehre zu erweisen, die ihm zusteht.

Das typisch weibliche (schickliche, brave, sanfte, duldsame, tolerante) Unterdrücken negativer Gefühle öffnet indessen keineswegs die Pforte zum Himmelreich immerwährenden Hausfriedens – sondern nur Tür und Tor für jene, die selbstsicherer mit ihren Gefühlen umgehen. Meist sind das die Männer in unserer Umgebung, am Arbeitsplatz wie zu Hause (die männliche Form des Umgangs mit Gefühlen wird natürlich auch mal durch Frauen ausgelebt, aber selten).

Solche Leute lassen mit beneidenswertem Geschick ihre Frustrationen heraus, daß die Fetzen fliegen. Sie werden ihre Aggressionen los, daß es nur so kracht. Augenblicklich reagieren Frauen: Kinder werden aus dem Zimmer geschickt und zur Ruhe ermahnt, Überstunden werden klaglos absolviert, Fernsehprogramme weggezappt, weil woanders angeblich Wichtigeres läuft, Cocktails werden gemixt, Nacken massiert. Wir sagen den Stadtbummel mit der Freundin ab, zaubern einen Imbiß für die improvisierte Pokerrunde auf den Tisch, verlassen im Gefolge eines frustrierten Gatten schon in der Pause das ihm mißliebige Theaterstück, hören uns zwei Stunden lang die Wiedergabe eines Bürokrachs an, loben den mißlungenen Rollbraten des Geliebten. Und üben Rücksicht, Vorsicht, Nachsicht, daß es eine Freude ist (wohlgemerkt für alle anderen, weniger für uns selbst).

Wieder und wieder täuschen Frauen Verständnis vor und Gleichmut, wo ihnen eigentlich der Kragen platzt. Sie mimen Fröhlichkeit, Zufriedenheit und Toleranz, auch wenn ihnen übel wird. Sie können das meisterhaft. Aber sollen sie es auch? Wo bleiben die Fanfaren eigener Gefühle?

Wir haben zum Beispiel Gisela M., eine 39jährige Sekretärin, beobachtet:

Freilich gefällt es ihr hier, in diesem tobenden Bierzelt. Hauptsache, ihr Mann ist glücklich.

Ganz klar, daß sie auch ins Kajak steigt, mit zitternden Knien. Hauptsache, die heranwachsenden Kinder finden ihre Mutter toll.

Selbstverständlich springt sie ein, als eine Kollegin ausfällt, auch wenn dadurch Konzertkarten verfallen. Hauptsache, der Chef ist nicht enttäuscht von ihr.

Und so werden natürliche Regungen wie Angst, Langeweile, Wut oder Ekel unterdrückt. Von Mal zu Mal werden die Frauen mehr zu Gefangenen ihrer heimlichen Gefühle und Gedanken, Stimmungen und Regungen; täglich verstrickter in die Fesseln, die sie sich selbst anlegen. Schließlich gilt es ja, häusliche (und berufliche) Harmonie aufrechtzuerhalten oder zumindest den Freundinnen, Nachbarn und Kollegen vorzuspielen. Denn sind nicht wir Frauen diejenigen, die für die Harmonie verantwortlich sind?

Sind wir nicht! Zumindest nicht allein. Diese Verantwortung muß künftig besser verteilt werden. Auch über den Weg klarer und ehrlicherer Äußerungen unserer ureigensten Gefühle.

Manchmal endet der Horrortrip unterdrückter Emotionen in körperlichen Leiden und Krankheit:

Erst beim dritten Mal merkte Ingrid, daß es immer eine bestimmte Stelle der abendlichen Heimfahrt vom Büro war, wo sie mit ihrem Wagen in einen Waldweg einbog und sich übergeben mußte. Zuerst hatte sie es aufs Kantinenessen geschoben. Dann wurde ihr klar: Es war die Stelle, von der aus man weiter unten ihr Einfamilienhaus erblickte. Ein hübsches Haus. Nur: Drinnen wartete ihr Mann, ein sadistischer Quälgeist, Alkoholiker und aggressiv. Vor der Familie, den Freunden und Nachbarn wurde die häusliche Hölle vertuscht, der Schein einer intakten Ehe gewahrt, so gut es ging. Ingrid allerdings ging es dabei immer schlechter – bis sich ihre unterdrückten Gefühle einen ungesunden Ausweg suchten.

Sich wehren und nein sagen zu jahrelanger Qual, zu einer Zumutung oder einem unannehmbaren Ansinnen bedarf erst einmal des Gefühls, sich diese Unlust überhaupt erlauben zu dürfen. Das erfordert Selbstbewußtsein und Mut. Wie eng Emotion mit dem Ja oder Nein zu einem Vorschlag, einer Haltung oder einer Situation verbunden ist, hat auch der Philosoph Immanuel Kant knapp gefaßt: »Man nennt die Fähigkeit, Lust oder Unlust bei einer Vorstellung zu haben, Gefühl.«

Wäre ich doch meinem ersten Gefühl gefolgt! Wie oft sagen wir das:

- Wenn uns das Essen nicht bekommt, in einem Restaurant, das wir schon lustlos betraten.
- Wenn wir den gut dotierten Job angenommen haben, obwohl eine leise Stimme innerlich warnte, und wir dann schon nach drei Wochen erkennen, daß wir das in dieser Firma übliche Mobbing nicht aushalten werden.
- Ein blaßgrünes Seidenkleid, teuer und wunderschön, wagte ich einmal nicht mehr zurückzuhängen, nachdem die Verkäuferin in Rufe des Entzückens ausgebrochen war. Ich kaufte es, obwohl ein Gefühl tief drinnen etwas von »Wasserleiche« zu murmeln schien (die Robe hängt seit vier Jahren ungetragen im Schrank).

Mehr Selbstbewußtsein! Denn die Empfindungsdichte der Frauen ist ein Schatz, mit dem sich getrost prahlen läßt.

Raus damit und hervorgeholt unter dem Scheffel zaghafter Bescheidenheit. Und ruhig mal eine Kleiderverkäuferin frustrieren, einen Liebhaber enttäuschen, einen Kollegen verärgern.

Die Diskrepanz zwischen der tatsächlichen Stimmungslage und der nach außen verkauften Haltung ist bei Frauen oft verräterisch: Was ist gewonnen, wenn die Freundin behauptet: »Was bin ich froh, daß ich diesen Kerl los bin und wieder meine Freiheit habe« – wenn ihr zugleich die Tränen übers Gesicht laufen? Was ist gewonnen, wenn die junge Stadträtin ganz frostig vor lauter professioneller Kälte vor dem Mikrofon steht – und sich dennoch Schweißränder auf ihrer Designerjacke bilden?

»Seelischen Selbstmord«, nannte Henry Miller einmal die Zwänge, die wir unseren Gefühlen antun.

Zum ebenso genuß- wie erfolgreichen Gefühlsleben gehört nicht nur das Zulassen, sondern auch das Zeigen: offenherzig, aber mit einem eleganten Dekolleté – um im Bild zu bleiben. Teilen Sie Ihre Gefühle mit anderen, lassen Sie sie Anteil nehmen, und teilen Sie sie *mit.*

So paradox es klingt: Sie werden dadurch nicht angreifbarer, sondern unantastbarer. Denn Sie unterlaufen Häme und stoppen Spott schon im Ansatz. Ihr Anspruch auf die Instanz »meine Emotion« stopft jedem Gegner das Maul und kann ihn nur neugierig machen. Und Sie bekommen viel zurück: Aufmerksamkeit, Rücksicht, Achtung und Respekt.

Wie sieht nun die emotionale Selbstbehauptung im täglichen Leben aus?

Selbst Zorn muß nicht verzerrend sein. Seien Sie ruhig zornig, aber behalten Sie Ihren Ärger in einem unerbittlichen Griff. Soviel Kraft muß er Ihnen lassen. Ein geschickt inszenierter Zornesausbruch, ein kontrollierter Wutanfall – da können wir von den Männern nur lernen. Setzen Sie offen-

sive Gefühle bewußt ein. Wenn Sie es schaffen: mit Anmut und souverän. Dann beginnen Zorn und Ärger in Ihrem Sinne auf die Mitwelt zu wirken.
Seien Sie ruhig mal niedergeschlagen, enttäuscht oder traurig. Aber klären Sie Ihre Umgebung über Gründe (oder Grundlosigkeit, auch das gibt es!) Ihrer Tristesse auf, und fordern Sie Rücksichtnahme.
Seien Sie begeistert, aber teilen Sie Ihre Lebensfreude mit den anderen und verlangen Sie Mit-Freude. So wie Sie zu Zeiten Mit-Leid einklagen dürfen.
Sie werden sehen, daß Sie künftig nicht mehr als sentimentale Hysterikerin angesehen sind, sondern als eine facettenreiche, vielschichtige und gefühlsintensive Frau. Mit der allerdings nicht mehr so gut Kirschen essen ist.
Auch die Rache ist weniger böse als ihr Ruf. Sie kann ein gerechtes Gleichgewicht wiederherstellen. Sie muß nicht mit Reifenstechen und dem Verbrennen der Briefmarkensammlung einhergehen. Rache kann in der Phantasie oder in Ritualen ausgelebt werden. Man kann einen Brief schreiben, der erlösend bis zur Wollust wirkt – obwohl man ihn nicht abschickt. Malerinnen haben subtile Zeichen schärfster Rachegelüste auf Leinwände gebannt und so Kunstwerke geschaffen.
In einer Fernsehsendung berichtete die Mutter einer vergewaltigten und ermordeten Tochter, daß sie seit Jahren immer an Silvester mit Raketen und Knallfröschen symbolisch auf den Mörder ihres Kindes schieße. Sie hat einen emotional intelligenten Weg für sich gefunden, mit unsäglichem Leid einigermaßen fertig zu werden.
Und die angeblich so häßlich machende, plumpe Wut? Wie steht die den Frauen? Und wie steht sie ihnen an?
Die Greifswalder Psychologieprofessorin Hannelore Weber sagt: »Frauen fühlen die Wirkung ihrer Wut immer als verpufft und ohne Ergebnis. Sie werden sogar verlacht und als

zickig, hysterisch und launisch abgetan. Frauen glauben leider immer noch, daß sie mit ihrem Verhalten wenig Wirkung zeigen. Bei Männern ist das ganz anders. Die spielen manchmal sogar eine Wut. Wer Ärger zeigt, beansprucht eine Machtposition.«

Warum das nicht nutzen? Von oben herab und mit deutlichen Hinweisen garniert, was einen da so in Rage gebracht hat. Wenn es ans Ureigenste rührt, an unerfüllte Bedürfnisse, an den Rand der Geduld, an Ekelgrenzen und Schamschranken – dann nichts wie raus mit der Wut, mit Ärger, Angst und Rachegelüsten.

Andere tun's ja auch. Boxweltmeister Henry Maske: »Ein guter Boxer muß auch Angst haben.« Tennisstar Boris Becker: »Ich werde durch Ärger stimuliert.«

Sich bekennen, aussprechen, durchsichtiger werden, für eine glasklare Sicht auf sich selbst sorgen, endlich nicht nur die Vorhänge vor den Seelen aufreißen, sondern sozusagen auch die Fenster putzen! Das bannt Ängste und mindert das eingestandene negative Gefühl.

Die Reaktionen sind verblüffend: Als Annabelle in einer Werbetexterrunde mit drohend erhobener Stimme sagte: »Ich bin jetzt sehr wütend« (nachdem sie wiederholt nicht zu Worte gekommen war), schwiegen die Kontrahenten augenblicklich. Sie wurde nicht mehr unterbrochen und legte ihre Thesen und Vorschläge in Ruhe dar. Sie erhielt den Zuschlag. Und als Renate ihr erstes Verkaufsgespräch vor einer größeren Gruppe abhielt, begann sie ihren Vortrag mit den Worten: »Ich habe Lampenfieber.« Das Gelächter im Raum nahm es ihr im selben Moment.

Kann man mit Worten Gefühle bannen? Zumindest den verheerenden Auswüchsen überwältigender Gefühlsausbrüche kann man mit dem Benennen ihre Spitze nehmen – ohne die Bedürfnisse, die dahinterstecken, zu leugnen. Unerwünschte Gefühle verlieren dann an Gewalt. Vergessen Sie

nicht: Die Kontrolle über Ihre Emotionen liegt schließlich nicht außerhalb von Ihnen. Sie wird nicht von jemand anderem ausgeübt. Nur *ein* Mensch kann Stärke und Richtung, Dauer und Einfluß Ihrer Gefühle lenken: Sie.
Wenn das nicht selbstbewußt macht!

Gelassenheit – die lockere Mitte zwischen dünnhäutig und dickfellig

Drei Dinge, von denen man bisher dachte, daß sie gesund seien, haben sich als schädlich für das Herz-Kreislauf-System herausgestellt: Wut und Ärger ungefiltert herausschreien, Trauer in hemmungslosen Weinkrämpfen zum Ausdruck bringen und sich überhaupt seelisch entladen, wie's gerade kommt.
Tatsächlich gibt es einige neue Aussagen von Wissenschaftlern, die auf den Kopf stellen, was sich geübte Jähzornige und schamlose Spontaneitätsprofis bisher als angeblich heilsame Katharsis angewöhnt und erlaubt hatten:

- Professor Peter Schwenkmezger von der Universität Trier stellte fest, daß der Blutdruck von Probanden, die ihren Ärger offen ausdrücken, höher ist als der Blutdruck von »Ärgerunterdrückern«.
- Professor Robert Levenson von der University of Berkeley fand heraus: Wenn Menschen weinen, wird entgegen weitverbreiteter Ansicht der Kummer eher stärker. Wer in den Experimenten des Psychologen den Tränen freien Lauf ließ, hatte einen erhöhten Puls und litt noch zwei Stunden nach dem Versuchsende mehr unter Trauer und Schmerz als jene, die ihre Tränen »heruntergeschluckt« hatten.
- Weltweit ist außerdem inzwischen eine Bakterie bekanntgeworden, die Magengeschwüre verursacht. Unterdrückter

Ärger gilt seitdem nicht mehr als Risikofaktor Nummer eins für Magenleiden.

Der Therapeut Bert Hellinger schreibt in seinem Buch »Anerkennen, was ist« über Menschen, die ihren Ärger verheimlichen und gesundheitlich leiden: »Sie werden nicht krank, weil sie den Ärger unterdrücken, sondern weil sie das Handeln unterdrücken, das zur Lösung führen würde. Nur den Ärger herauszubringen, hat noch keinen befreit. Er muß immer noch entsprechend handeln.«
Es lohnt sich also, sich zusammenzureißen und nicht wegen jeder Kleinigkeit aus der Haut zu fahren. Gefühle zu beherrschen heißt aber nicht, sie zu unterdrücken. »Gefühlskontrolle« ist nur ein anderes Wort für pfleglichen Umgang mit Emotionen, für Angemessenheit und Distanz und für eine gewisse Gleichgültigkeit gegenüber Rückschlägen, Kritik, Enttäuschungen und Niederlagen.
Natürlich kann ein Wutausbruch auch herrlich wohltuend sein: Er wirkt belebend, bestärkt für den Moment die eigene Position und macht immer noch wütender. Wut wird dann verführerisch wie eine Sucht.
Mit den Füßen stampfen, gegen Stuhlbeine treten, mit Geschirr werfen, Türen zudonnern, brüllen und auch mal zuschlagen – »das ist wie Orgasmus«, sagt meine Nachbarin Petra gern. Allerdings hat sie die dritte Scheidung hinter sich, und auch ihr Geschirrbestand muß immer mal wieder kostenintensiv aufgefüllt werden. Auch ein Tränenbad kann einen erlösenden Reiz haben (wenn genügend Taschentücher zur Hand sind und die Wimperntusche vorher entfernt wurde).
In der Unterwerfung unter gewaltige Gefühlsstürme leben wir einen merkwürdigen Hang zum Masochismus aus. Doch der gleichbleibend gute innere Gefühlszustand und eine Stimmung, die nicht nur den Alltag, sondern auch uns selbst

verschönert, wird auf diese Weise nicht erreicht. Erst die lockere Mitte zwischen dünnhäutig und dickfellig, heißblütig und kaltschnäuzig macht uns gelassen und lebenstüchtig. Sie läßt sich erlernen und einüben.

Sieben Beispiele zeigen, auf welch unterschiedliche und erfinderische Weise die Leute emotionale Intelligenz einsetzen, um mit streßreichen Situationen fertig zu werden:

1. *Ganz bewußt:* Der weltberühmte Regisseur Billy Wilder (»Manche mögen's heiß«) über sein Erfolgsrezept: »Nie ein lautes Wort am Set, Konflikte gar nicht aufkommen lassen, sondern rechtzeitig verhindern.«
2. *Aus Tradition:* In Ostasien wird auch heute noch wie seit Jahrtausenden jungen Kaufleuten beigebracht, sich bei schwierigen Geschäftsverhandlungen die Hände zu reiben, um Spannungen körperlich abzubauen und den Handel zu einem guten Ende zu führen.
3. *Aus Lebenserfahrung:* Weise Mütter pflegen schon immer einem tränenüberströmten, vor Racheplänen berstenden, total geknickten oder vor Erregung zitternden Kind Ratschläge zu geben wie: »Erst mal drüber schlafen«, »tief durchatmen« oder »bis zehn zählen«.
4. *Aus »Ansichtssache«:* Professor Max-Josef Halhuber, Pionier in der Nachbehandlung von Herzinfarkten, erzählte einmal, wie er bei sich selbst (und seinen Patienten) Streß abbaut, der ihn sonst ärgerlich machen könnte: »Wenn eine Verkehrsampel Rot zeigt, werde ich nicht ungeduldig, sondern ich freue mich über die wunderschön leuchtende Farbe. Augenblicklich schwindet der Ärger über die Verzögerung.«
5. *Aus Gewohnheit:* Kein britischer Roman oder Film und kein Englandaufenthalt, in dem nicht zum Abbau von Erregung automatisch auf eine bestimmte Zeremonie zurückgegriffen wird: »Trinken Sie erst mal eine Tasse Tee, meine Liebe.«

6. *Aus Abenteuerlust:* Anja, eine Frankfurter Immobilienmaklerin, hat ein – zugegeben aufwendiges – Mittel gegen Gereiztheit und Spannung: »Ich verbringe meinen Urlaub regelmäßig in den USA. Selbst in den Metropolen herrscht dort eine solche Lässigkeit, daß ich immer völlig entspannt heimkehre. Schon die Hektik hier am Flughafen kann ich dann nur noch belustigt über die mitteleuropäische Wichtigtuerei betrachten. Ich fahre nach solchen Ferien gelassen Auto, ich dränge mich nirgends vor, ich renne nicht nach der U-Bahn; und auch im Büro bin ich der ruhende Pol.«

7. *Ganz unbewußt:* Zuletzt eine Szene, die kürzlich sehr schön zeigte, wie mit Talent zur emotionalen Intelligenz Situationen entschärft werden können.

Als ihm ein junger Mann im Sportwagen die Vorfahrt nimmt, muß der alte Herr in seiner Limousine heftig bremsen. Er läuft rot an, schimpft laut auf den »rücksichtslosen Ganoven«, fordert die Beifahrerin auf, sofort das Kennzeichen zu notieren, und droht fluchend mit einer Anzeige, während die Beifahrerin um seinen Bluthochdruck fürchtet.

Beim nächsten Rotlicht steigen beide Autofahrer aus und stürmen aufeinander zu. »Dem werde ich's zeigen«, droht der alte Herr erregt und nähert sich dem anderen voller Angriffslust. Was aber macht der? Der vermeintliche Rowdy geht auf den Älteren zu, streckt ihm die Arme mit einer bedauernden Geste entgegen, lächelt schuldbewußt, sieht richtig betroffen aus und sagt: »Bitte entschuldigen Sie. Ich habe Ihre Vorfahrt mißachtet. Das tut mir sehr leid, hoffentlich habe ich Ihnen keinen Schrecken eingejagt.«

Die Beifahrerin traut ihren Augen nicht. Der alte Herr lächelt gerührt, dann legt er noch tröstend den Arm um die Schulter des reuigen Sünders: »Ist ja gut, mein Junge.«

Hat man Worte? Gefühlsmäßig begriff der Ältere die emotionalen Signale, die der Junge aussandte. Er ließ sich besänftigen, er nahm die Zeichen zur Versöhnung instinktiv an, er spielte unbewußt mit. Zwei emotionale Intelligenzen waren aufeinandergetroffen. Abwiegeln statt Aufschaukeln – reine Gefühlssache!

Zurück zu den Möglichkeiten, stressenden Emotionen ihre Schärfe zu nehmen: Entspannungs- und Konzentrationsübungen wie autogenes Training, Yoga, Meditation; körperliche Bewegung wie Joggen, Gartenarbeit, Tanzen, Hausputz; sich den Anlaß zu Ärger, Wut und Enttäuschung bewußtmachen und die Ansichten darüber dann vielleicht ein wenig verrücken können – das alles sind mehr oder weniger bekannte Methoden zur Beeinflussung unserer Emotionen. Zu den weniger verbreiteten gehört die Stoppübung.
Die Stoppübung? Es handelt sich um einen alten Trick lebensnaher Pragmatiker, die eine gewisse Lächerlichkeit nicht scheuen:

- wenn wir wieder mal nicht aufhören können, daran zu denken, wie schön die Hände des Geliebten waren (der uns leider verlassen hat),
- wenn wir wieder mal nicht aufhören können, darüber nachzugrübeln, warum uns die Abteilungsleiterin irgendwie kühler als sonst gegrüßt hat,
- wenn wir wieder mal nicht aufhören können, immer teuflischere Rachepläne zu schmieden, um dem Exgatten und seinem neuen Liebchen eins auszuwischen,
- wenn wir wieder mal nicht aufhören können, uns Sorgen darüber zu machen, ob in zwanzig Jahren aus unserem Baby vielleicht ein Drogendealer wird,

dann hilft nur noch eins: Warten Sie ab, bis Sie allein im Zimmer sind, berühren Sie dann mit dem Zeigefinger Ihre Nasenspitze, und sagen Sie laut und deutlich das Wort »Stopp«. Wetten, daß es funktioniert? Vielleicht allein schon dadurch, daß man sich ein bißchen blöd vorkommt und ein

Grinsen nicht unterdrücken kann. Humor (selbst Galgenhumor) ist nämlich für Gelassenheit unverzichtbar.

Freundlichkeit – eines der mächtigsten Zaubermittel ist das Lächeln

Nach der Vernunft, dem Selbstbewußtsein und der Gelassenheit kommen wir zur letzten, vielleicht wichtigsten Zutat, die – den Emotionen beigemischt – das Leben lebenswerter machen können: die Freundlichkeit.
Friedfertigkeit (nicht zu verwechseln mit unterwürfiger Duldsamkeit!) ist eines der Grundbedürfnisse des Menschen. Und eine der gesündesten Lebenseinstellungen.
Unlängst wurde zu dem Thema »Die integrative Neurobiologie der Gemeinsamkeit« von der New Yorker Akademie der Wissenschaften eine bemerkenswerte Tagung abgehalten. Es ging um die Biologie des gegenseitigen Wohlwollens. In der Konferenz diskutierten Wissenschaftler die Rituale der Beschwichtigung und der Versöhnung. Ein Begriff, der immer wieder fiel: »das Lächeln«. Nicht als »Don't worry, be happy«-Parole, sondern als Inbegriff einer inneren Stimmungslage, Haltung und Ansicht der Dinge.
Die Resultate waren verblüffend: Verhalten, das auf Gemeinsamkeit zielt, führt nämlich zu einer nervlichen und hormonellen Mobilmachung, einer Aktivierung verschiedener Körperbereiche. Diese ist genauso kompliziert wie die Vorgänge beim Kämpfen, wo aus Wut, Ärger und Angst Kräfte wachsen. Allerdings bewirken die Vorgänge, die auf freundliches Miteinanderauskommen gerichtet sind, im Körper eine Stärkung des Immunsystems. Lächeln und Lachen, Wohlwollen, Versöhnlichkeit und Freundlichkeit bewirken biochemische

Veränderungen, die vor Krankheiten schützen und Krankheitsverläufe günstig beeinflussen.
Umgekehrt, so schreibt der Psychotherapeut Dr. Stephan Lermer in seinem Buch »Immunkraft«, stelle zum Beispiel der Groll einen Dauerstreß dar. Und dieser sei gefährlicher als Ärger und Zorn: »Der Streß kann Sie zermürben, da die Emotionen nicht abgebaut werden, da eine permanente negative Strömung in Ihnen vorhanden ist, die sich auch negativ auf Ihren Körper auswirkt.«
Erfreuen können, besänftigen, Sorgen lindern, Tränen trocknen lassen, Ängste nehmen, beruhigen, andere vor Peinlichkeiten bewahren, aussöhnen, trösten, gute Laune verbreiten, Mut machen, sich entschuldigen – das alles sind fast »zauberhafte« Fähigkeiten, um ein gewinnendes Wesen zu entwickeln und Freunde zu finden. Auf eigene Ansprüche muß deshalb nicht verzichtet werden. Die Erfahrung zeigt: Wenn es an der Zeit ist oder die Situation es erfordert, auch mal mit weniger sanftmütigen Emotionen vorzupreschen, dann ist der Boden für deren Wirksamkeit durch vorangegangene Freundlichkeit besser bereitet. Der Effekt ist größer. Das Handeln fällt leichter.
»Heiter und flexibel, bis der Augenblick gekommen ist, Härte zu zeigen«, lautet mein fernöstlicher Lieblingsspruch dazu. Man muß nicht ein penetranter »Gutmensch« sein, eine zweite Mutter Teresa oder ein grundgütiger Gott, um Zauberdinge zu bewerkstelligen. Und kein Mensch ist je für die Intelligenz seiner Gefühle zu jung oder zu alt. Ich kenne ein kleines Mädchen, das vor Jahren schon ein erstaunliches Verhalten zeigte:
Tag für Tag grüßte das Kind, lächelnd und mit einem Knicks (das war in jenen Jahren noch üblich), im Vorübergehen auf dem Schulweg wildfremde Leute. Voraussetzung: Sie waren alt und gingen allein. Jedesmal hellte die Überraschung die

betagten Gesichter auf, erwärmte sich ein stumpfer Blick, lächelte ein vorher mürrischer Greisenmund zurück.
»Kennst du die alle?« fragte schließlich die Klassenkameradin, die neben der Schulfreundin ging.
»Nein«, sagte die Kleine, »aber die sind doch so alt und einsam. Und du siehst richtig, wie sie sich freuen.«
Früh übt sich hier, was eine Meisterin in emotionaler Intelligenz werden sollte.

Andere verbinden profanere Interessen mit der Freundlichkeit. Weil Urlauber in Österreich zunehmend über die Übellaunigkeit ihrer Gastgeber klagen, startete das Land letztes Jahr eine Antimuffelkampagne. Umgerechnet über sieben Millionen Mark stehen zur Verfügung, um Österreichs Tourismusbranche via Werbespots, Seminare und Lehrfilme die Freundlichkeit beizubringen. Prominente wie Arnold Schwarzenegger, Friedensreich Hundertwasser und Rainhard Fendrich machen mit, um auf die »Kraft des Lächelns« aufmerksam zu machen.

Aber was ist, wenn es nichts zu lachen gibt? Wenn die Lebensumstände wirklich nicht zum Jauchzen sind?
Selbst dafür hat sich die Natur etwas sehr Trickreiches ausgedacht, dem die Wissenschaftler auf die Spur gekommen sind: Auch wer nur so tut, als lache oder lächle er, dessen Laune wird besser. Bewußt aufgesetztes Grinsen oder gekünsteltes Gelächter reichen da schon aus.
Daß es nicht um reinen Selbstbetrug geht, hat der Mannheimer Psychologe Fritz Strack gezeigt. In Experimenten konnte er nachweisen: Mimische Zurschaustellung verstärkt das subjektive Gefühl. Lächeln zum Beispiel hebt die eigene Stimmung und erzeugt eine tatsächlich meßbare Gemütsaufhellung und Erheiterung.
Emotional intelligente Menschen sind Positivdenker und da-

durch Positivfühler. Positivfühler werden seltener krank, arbeiten lieber, führen die besseren Ehen und haben mehr Geld, bestätigen Soziologen und Psychologen. Sie können über die Härten des Lebens, die Ungerechtigkeiten, die Mitmenschen und (ganz wichtig!) sich selbst gelassen lächeln.
Erich Kästner schrieb einmal über seinen Freund Walter Trier, den Illustrator seiner Kinderbücher: »Alles, was er zeichnete und malte, lächelte und lachte, sogar der Schrank und der Apfel, die Wanduhr und der Damenhut. Alles war und machte heiter. Er sah die Bosheit und wurde nicht böse. Er sah die Dummheit und blieb gelassen. Er sah die Welt, so wie sie war, und lächelte sie sich zurecht.«
Kann man sich etwas emotional »zurechtlächeln«? In einem psychologischen Fortbildungskurs erhielten wir einmal folgende Anweisung: Tun Sie sich in Vierergruppen zusammen, wählen Sie nacheinander jeweils eine Person aus, und sagen Sie dann reihum nur Gutes über diese Person.
Eines unserer Versuchskaninchen war eine schrecklich häßliche, mürrische, arrogante und hölzerne Krankenschwester. Wir taten uns schwer mit Komplimenten. Erst mal herrschte ratloses Schweigen. Die Situation wurde zusehends peinlich. Dann endlich fiel jemandem der klägliche Satz ein: »Ich glaube, Sie sind sehr zuverlässig.« Ein winziges Leuchten erhellte das verkniffene Gesicht unserer Probandin.
Daraufhin sagte jemand: »Sie haben zwar eine Hakennase, aber wenn Sie lächeln, übersieht man die.« Jetzt konnte unsere Versuchsperson einen glücklichen Gesichtsausdruck kaum mehr unterdrücken.
Die Geschichte schaukelte sich hoch. Wir glaubten es selbst kaum. Gegen Ende des Experiments verließ eine warmherzig strahlende und gar nicht mehr so reizlos aussehende Person die Runde.
Wohlwollen gilt als eines der wirksamsten Verzauberungsmittel, die es gibt. Wer den Mitmenschen mit einer Prise

Freundlichkeit entgegentritt, der kann hochnäsige Portiers in Grandhotels knacken und sarkastische New Yorker Taxifahrer in herzliche Kumpane verwandeln; mürrische Schalterbeamte werden damit locker aufgeweicht; gelangweilte Verkäufer lassen sich zu interessierten Partnern ummodeln; und ein geschäftliches Telefonat an einem Montagmorgen, das sich gemeinhin durch besondere Muffigkeit auszeichnet, gerät bald zu einer Plauderei voller Galgenhumor, wenn man heiter signalisiert, daß man Wochenanfänge selbst auch nicht sonderlich schätzt (ein Lächeln läßt sich übrigens auch über die Stimme gut vermitteln).

Wer das Lächeln – das heißt: die wohlwollende Haltung – zu allen Gefühlen hinzunimmt und bei sich selber abruft, kann negative Impulse augenblicklich unterdrücken. Emotional souveräne Frauen gewinnen damit innere Distanz, machen nicht gleich alles zur eigenen Sache, regen sich nicht dauernd auf, warten ab, sind seltener beleidigt, schmunzeln, lachen – amüsieren sich.

Der Verhaltensforscher Desmond Morris ist der Ansicht: »Das Lächeln ist zweifellos die wichtigste, mitmenschlich-verbindende Geste, über die wir verfügen.« Beweise dafür gibt es genug:

Wir alle kennen Tage, an denen wir leichtfüßig und leichtsinnig durch die Straßen gehen, alle Leute nett und alle Männer reizvoll finden. Offensichtlich lächeln wir an solchen Tagen entsprechend um uns. Oft ist gar nicht auszumachen, woher der Drang zur guten Laune kommt. Wir lächeln, weil wir uns einfach wohl fühlen. Und die Leute lächeln zurück. Wie elementar die Sehnsucht nach gelöster Stimmung, mitmenschlicher Freundlichkeit, Heiterkeit, Wärme und Friedfertigkeit ist, läßt sich an solchen Tagen ermessen.

Der Psychoanalytiker René Spitz hat über Jahrzehnte hinweg das erste Lächeln der Säuglinge erforscht: »Schließlich leitet

das Lächeln den Beginn der sozialen Beziehungen beim Menschen ein. Es ist Prototyp und Voraussetzung aller nachfolgenden sozialen Beziehungen.«
Soll man sich das entgehen lassen?

Zweiter Teil

Zweimal sieben alltägliche Gefühle – und ihre zwei Seiten

4. Kapitel

Sieben Gefühle zwischen Gut und Böse

In zahllosen Gesprächen habe ich Frauen über Emotionen befragt. Darunter waren Freundinnen, Frauen in psychologischen Gesprächsrunden, Kolleginnen in Fortbildungsseminaren, Mitglieder in Selbsthilfegruppen, Hilfesuchende in der Therapie und über viele Jahre hinweg auch Interviewpartnerinnen. Vom Filmstar bis zur alleinerziehenden Mutter, von der Topmanagerin bis zur Krebspatientin, von verlassenen Ehefrauen und heimlichen Geliebten bis zu grünen Witwen und Feministinnen waren sämtliche sozialen Gruppen vertreten. Von allen erhielt ich ähnliche Antworten: Kaum eine war stolz auf ihre emotionalen Fähigkeiten. Fast alle beklagten sich. Ich habe die geläufigsten Klagen zusammengestellt. Sie beziehen sich auf Gefühle des täglichen Lebens.

Im nächsten Kapitel werde ich dann noch auf sieben Antworten näher eingehen, die das Zentrum unserer Gefühle betreffen; jene Spielwiese, auf der sich die schicksalsträchtigsten Emotionen überhaupt austoben: die Liebe.

Zuerst einmal aber die sieben häufigsten Antworten:

- »Was mich bedrückt, sind meine ewigen Schuldgefühle.«
- »Ich habe Angst vor Abschieden. Ich kann schlecht etwas beenden. Es ist die Angst vor dem, was dann folgt. Denn das ist ja doch oft genug das Alleinsein. Meine Angst vor Abschieden ist meine Angst vor der Einsamkeit.«
- »Ich fühle mich oft so minderwertig. Ich bräuchte einfach mehr Selbstbewußtsein.«

- »Ich fühle mich von innen heraus unzufrieden, vielleicht unbefriedigt. Ich kritisiere zuviel an meiner Familie, vor allem an meinem Mann, herum. Ich bin zu einer mürrischen, schnell beleidigten, zänkischen Nörglerin geworden.«
- »Ich gestehe es nicht gern, aber ich bin manchmal richtig neidisch. Und ich schäme mich dessen.«
- »Meine Eitelkeit engt mich zusehends ein. Wenn nicht alles an mir stimmt, komme ich mir so häßlich vor, zu dick und unattraktiv. Wie soll das werden, wenn ich älter werde?«
- »Eigentlich bin ich schüchtern. Um das zu verbergen, gebe ich mich gern provozierend und nähere mich den Männern zu aggressiv – womit ich sie regelmäßig verprelle. Mit Verschämtheit einerseits und Unverschämtheit andererseits komme ich gefühlsmäßig nicht zurecht.«

Was kommt heraus, wenn man die hinter diesen Klagen steckenden Gefühle von verschiedenen Seiten beleuchtet? Diese Gefühle haben sowohl gute als auch schlechte Seiten, nützliche und schädliche, belebende und ungesunde. Deswegen werden wir sie ein wenig drehen und wenden müssen. Erst danach sollen Sie entscheiden, ob Sie eines der oben genannten Bedenken gegen Ihre »Lieblings«gefühle auch künftig noch erheben wollen.

Frauen und ihre Gefühle – warum entsteht da so viel Leid und Mißwirtschaft? Manchmal scheint es, daß allein die Gefühlswelt der Frauen im Zuge zunehmender Gleichberechtigung noch nicht in Ordnung gebracht worden ist. Ihren geistigen Anspruch (um nicht zu sagen: Vorsprung) stellen Frauen inzwischen überall unter Beweis: bei den Notendurchschnitten, bei den Universitätserfolgen, im Wirtschaftsleben und in der Wissenschaft.

Allerneueste Forschungen der Genetikerin Gillian Turner beweisen sowieso, daß für die Vererbung der menschlichen Intelligenz ausschließlich das weibliche X-Chromosom verant-

wortlich ist. Die Volksweisheit, Kinder erbten die Schönheit der Mutter und die Intelligenz des Vaters, ist damit genetisch widerlegt.
Auch im Körperlichen sind die Frauen den Männern voraus. Sie sind die Gesünderen, Zäheren und weniger Anfälligen; sie leben länger, halten Schmerzen besser aus, leben bewußter und achten mehr auf Fitneß und die Signale ihres Körpers.
In den Fällen, in denen dies nicht zutrifft, ist es wiederum der mißlungene Umgang mit ihren Gefühlen, der einen schlechten Einfluß hat. Depressionen, psychosomatische Krankheiten, Alkohol- und Psychopharmakamißbrauch, dazu frauenspezifische Leiden wie Bulimie und Anorexia nervosa haben mehr mit Emotionen zu tun, als die Patientinnen oft ahnen.

Schuldgefühl – die heimtückische Waffe der anderen

Sie saß in der Abendmaschine von Frankfurt nach München neben mir, lehnte das Essen ab und bestellte sich bei der Stewardeß statt dessen einen Weißwein. Erst dachte ich, sie wolle einen gelungenen Arbeitstag entspannt feiern, weil sie nach einigen Notizen ihren Laptop mit zufriedenem Seufzen und dem gemurmelten »gut gemacht« wegstellte. Nur der unglückliche Gesichtsausdruck paßte nicht ganz zum scheinbar geglückten Vertragsabschluß.
Wir kamen ins Gespräch. »Ich kann es nicht genießen«, sagte sie, »denn ich habe so schreckliche Schuldgefühle, wenn ich auf Geschäftsreisen gehe und mein Kind beim Au-pair-Mädchen lasse.«
Die Stewardeß brachte ihr den nächsten Wein. Sie hatte die

letzten Worte mitgehört, lächelte ein bißchen gequält und antwortete auf die Frage »Kennen Sie das auch?« mit dem Bekenntnis: »Ich habe schreckliche Schuldgefühle, weil ich vor Jahren einer Kollegin das Schlimmste wünschte, als sie mir meinen Freund ausspannte. Und jetzt hat sie Krebs.« Damit eilte sie zum nächsten Passagier.

Frauen sind Großmeisterinnen darin, Schuldgefühle zu entwickeln, sie sich einreden zu lassen, sie zu kultivieren, unter ihnen zu leiden – und sich dennoch auch immer ein wenig mit ihnen zu brüsten. Warum?

Zuerst einmal ist das Schuldgefühl eine der bedrückendsten Emotionen, die ein Mensch erleben kann. Was dabei vor allem martert, ist der Anteil, den man selbst am Zustandekommen dieser Qual hat. Es ist die Unmöglichkeit, die Verantwortung dafür abzuschieben. Die nagende Anklage richtet sich gegen das eigene Ich. Es ist die Ausweglosigkeit, die dadurch das Schuldgefühl zur Folter werden läßt.

Diese emotionale Mischung aus Reue, Scham und Unsicherheit peinigt Seele und Körper gleichermaßen. Gewissensbisse beißen bekanntlich. Am Tag bringen sie Zerknirschung und in der Nacht Alpträume. Sie gehören zu den Hauptursachen, die die Leidenden zum Psychotherapeuten treiben. Sie können der Auslöser chronischer Depression oder einer betäubenden Sucht sein. Manchmal sind sie Anlaß zum Selbstmord.

Aber Schuldgefühle begleiten uns nun mal durchs Leben – und dummerweise wegen so ziemlich allem: »Ich fühle mich immer schuldig, wenn eine meiner Pflanzen eingeht« und »Ich fühle mich auch dann immer schuldbewußt, wenn ich ein Stück Butter, das mir vorher auf den Küchenboden gefallen ist, noch zum Kochen verwende«, schreibt Judith Viorst in ihrem Buch »Mut zur Trennung«.

»Ich habe Schuldgefühle, wenn mein Mann im Kino an den falschen Stellen lacht«, sagt die eine.

»Ich habe Schuldgefühle, weil wir Weihnachten auf eine Kreuzfahrt gingen und erstmals ohne unsere Eltern feierten«, sagt eine andere.

Das dumpfe Gefühl von Schuld reicht vom kleinen Unbehagen bis hin zur ätzenden Reue: Wie konnte ich nur! Was für ein schlechter Mensch bin ich! Hätte ich doch nur! Hätte ich doch nur nicht!

Eigentlich ist ja das vielgeschmähte Schuldbewußtsein erst einmal etwas Gutes und Nützliches. Es mahnt, paßt auf, verhindert und treibt an. Es ist ein Korrektiv, das menschliches Zusammenleben erst ermöglicht. Es fordert uns auf, wiedergutzumachen, wo wir verletzten, oder nicht zu wiederholen, was wir falsch gemacht haben.

Dieses Bewußtsein für Recht und Unrecht bildet sich erst im vierten und fünften Lebensjahr eines Kindes. Da entsteht die Fähigkeit, zu unterscheiden, was gut und was böse ist. Und zwar unabhängig von der Angst vor der Schelte des Vaters, den Tränen der Mutter oder dem drohenden Entzug des Schokoladenpuddings.

Wenn der Maßstab, nach dem man nunmehr mißt, das eigene Gewissen bleibt, dann kann das Schuldbewußtsein seine besten Seiten entwickeln. Es wirkt effektiv. Wir erkennen das an, und das Leiden hält sich in Grenzen. Man ist enttäuscht, den eigenen Standards nicht genügt zu haben. Man ist beschämt. Und man gelobt Besserung.

Heikler wird es schon, wenn die Normen von außen kommen, sich über unser eigenes (meist recht gut funktionierendes) Gewissen stülpen und uns zusätzlich einengen: von den Dogmen der Kirche bis hin zum Gerede der Nachbarn; von den Gebräuchen bis zur Imagefrage; von der Mode bis zu den Regeln der Benimmbücher.

Da können dann bereits Schuldgefühle entstehen, wenn der Blumenstrauß für die Gastgeberin kleiner ausgefallen ist als die Bouquets anderer Gäste. Oder wenn man am Morgen zu

lang im Bett bleibt. Wenn man zu teure Schuhe kauft. Oder auch zu billige.
Ein totalitärer Staat, eine orthodoxe Kirche, umstrittene Sektenführer oder autoritäre Eltern setzen Schuldgefühle ein, um vitale Spontaneität zu brechen und das Opfer kontrollierbar und damit manipulierbar zu machen.
Weil also Schuldgefühle jeglicher Art, begründete und grundlose, schmerzhaft sind, eignen sie sich gut als Waffe. Sie sind ein subtiles Folterwerkzeug, treffsicher und weltweit im Einsatz. Wer einem anderen Schuldgefühle macht, treibt ein besonders übles Spiel im täglichen Kleinkrieg und Machtkampf.
»Das kannst du mir doch nicht antun«, sagt eine Mutter zu ihrer Tochter, die sich als Lesbierin outet.
»Hast du denn kein Herz?« sagt eine Frau zu ihrem Mann.
»Ich bringe mich um, wenn du mich verläßt«, sagt ein junger Mann zu seiner Freundin.
»Wenn du so schlechte Noten heimbringst, kriegt dein Vater noch einen Herzinfarkt«, sagt eine ewig besorgte Mutter.
»Gefällt dir die rote Krawatte denn nicht?« fragt eine andere Mutter in einem alten Witz, als der Sohn am ersten Weihnachtsfeiertag mit der blauen Krawatte erscheint, die ihm die Mutter am Vorabend – neben einer roten – geschenkt hat.
Es sind nicht ausschließlich die Männer, die mit der leichten Entflammbarkeit von Schuldgefühlen zündeln. Es sind vielmehr auffallend häufig wir Frauen selbst. Schließlich wissen wir ja nur allzugut über die »Waffe Schuldzuweisung« und ihre verheerende Wirkung Bescheid.
Wer betont auf die Uhr schaut, wenn der andere sich beim Rendezvous verspätet hat, arbeitet mit der Schuldzuweisung als Machtmittel ebenso wie der Bettler, der uns die Hand entgegenstreckt. Der Anhalter am Straßenrand ebenso wie

der Ehemann, der den ganzen Konzertabend lang mit gequältem Gesicht dasitzt.
Sie alle erpressen mit Schuldgefühlen. Ihr Plan gelingt fast immer. Denn Schuldgefühle sind kinderleicht hervorzukitzeln. Da sind wir manipulierbar und verletzlich, billige Opfer und leichte Beute. Mit kaum einer menschlichen Regung wird so viel Schindluder getrieben. Denn der Drang, »gut« zu sein und sich an eine längst vergangene Unschuld zu klammern, ist gewaltig. Die Folgerung, wer brav ist, wird geliebt, ist seit Kindertagen in die Gehirne eingraviert und nur zäh zu löschen.
Schuldzuweisungen greifen deshalb besonders gut bei Menschen, die sowieso immer allem gerecht werden wollen: bei den Frauen. Töchter, Mütter und Ehefrauen fühlen sich verantwortlich für das Wohl und Wehe ihrer Familien, für das ganze weite Feld der menschlichen Beziehungen, auf dem das Schuldgefühl einen so guten Nährboden findet. Sie wollen ausgleichen und Konflikte vermeiden. Sie haben verinnerlicht, was man ihnen beigebracht hat: für Harmonie zu sorgen und durch Liebe alle Probleme zu lösen.
Glück ist angeblich Frauensache. Deswegen nehmen so viele die Schuld auf sich, wenn der Säugling weint oder der Gymnasiast Drogen nimmt; wenn ein alter Vater trotz ihrer Pflege stirbt oder wenn der Partner gleich dreimal zum kalten Buffet geht. Und sie tappen in die Falle. Nicht selten verselbständigen sich nämlich ihre Schuldgefühle mit der Zeit, werden übermächtig und beginnen, die Frauen auch physisch zu schwächen. Wenn Selbstbezichtigung und Zwangsvorwürfe nicht mehr aus dem täglichen Leben verschwinden, treten die ersten psychosomatischen Leiden auf.
Jeder Urologe kennt die regelmäßig wiederkehrende Blasenentzündung nach einem als schuldhaft empfundenen Geschlechtsverkehr. Die Dermatologen wissen um den Ausschlagschub nach einer echten oder vermeintlichen

Verfehlung. Und der von Schuldlast bedrückte Mensch rundet und verkrampft oft tatsächlich den Buckel und muß mit Rückenschmerzen zum Arzt. Auch Freßattacken, Magersucht und Drogenmißbrauch entstehen nicht selten aus dem Versuch heraus, unbewußte Schuldgefühle zu ersticken – und verursachen dennoch nur neue.

Der Büßer – so das klassische Bild – streut sich bekanntlich Asche aufs Haupt und klopft sich an die Brust: »mea culpa«, meine Schuld! Aber klopft sich nicht auch der Held an die stolzgeschwellte Brust?

Damit sind wir bei einer ziemlich verräterischen Geste angelangt. Empfindet der schuldbeladene Mensch etwa auch einen klammheimlichen, vielleicht unbewußten Stolz auf seine Schuld? Verleihen ihm die Selbstanklagen eine Art Würde? Signalisiert er nicht einen – wenn auch verspäteten – moralischen Anspruch?

Schuldige sagen schließlich mit ihrem Bekenntnis auch aus, daß sie agiert haben; daß sie eher Täter als Opfer waren; daß offenbar so vieles von ihnen abhängt, daß ihre Tat (oder ihre Unterlassung) überhaupt weitere Folgen nach sich ziehen konnte. Diese Mischung aus Stolz und Reue, Allmachtsphantasie und Selbstmitleid ist eine besondere Abart von chronisch schlechtem Gewissen – und eine besonders neurotische.

Der Weg aus dem Dilemma liegt weder im nachträglichen Strafbedürfnis noch in lebenslangem Trübsinn. Gefeit ist nur, wer ohne Wehklagen akzeptiert, daß ein gewisses Maß an Schuld zum Leben gehört. Wer zum Handeln bereit ist, wird nie ganz ohne Schuld auskommen. Durch und durch Unschuldige machen sich eher verdächtig.

Der polnische Dichter Jerzy Lec sieht es so: »Sein Gewissen war rein. Er benutzte es nie.«

Verlustangst – die panische Furcht vor Abschieden

Als Eva, eine 39jährige Apothekerin, endlich den Mistkerl, der sich vier Jahre lang bei ihr eingenistet hatte, hinauswarf, atmeten wir alle auf. Jahrelang hatte dieser meist arbeitslose Schlagerdichter ihr das Leben zur Hölle gemacht. Er zahlte keine Miete und selten eine Restaurantrechnung. Er machte sich in Gesellschaft über sie und »ihre spießige Medikamentenmentalität« lustig, und er betrog sie ganz offen. An einem Freitag im letzten Herbst trieb er seinen Sadismus auf die Spitze: Er erschien in ihrer Apotheke und kaufte grinsend Kondome – die er aber nicht zusammen mit ihr zu benutzen gedachte.

Auf unsere fassungslose Frage, wieso sie sich nicht schon längst von ihm getrennt habe, antwortete Eva: »Ich hatte Angst vor der Einsamkeit. Dafür machte ich sämtliche Zugeständnisse. Alles ist besser, als wieder allein sein zu müssen.«

Eva klammert. Und Eva steht zumindest damit nicht allein da. Frauen halten die Hölle aus und stehen Qualen durch, beißen die Zähne zusammen, weinen heimlich und lächeln tapfer – nur, um nicht Abschied nehmen zu müssen. Sie lassen sich verhöhnen und vernachlässigen, demütigen und demoralisieren, ausnützen und manchmal sogar schlagen. Sie glauben zu lieben und fühlen, daß sie leiden. Aber alles Leiden scheint ihnen tragbarer als das Leiden des Abschiednehmens.

Meist geht es ja »nur« um Geliebte oder Ehemänner. Manchmal aber – und das merkt man erst nach langer Zeit – dehnt sich diese makabre Furcht auch auf andere Gebiete aus. Und diese Angst vor Trennungen, vor dem Loslassen und Verlassen, vergiftet das ganze Leben. Trennungen sind

fast immer schmerzlich. Egal, ob man Abschied nimmt von Menschen, Gewohnheiten, Ansichten oder Dingen.
Schauen wir uns das Gefühl des Abschiedsschmerzes genauer an: Bahnhöfe sind seine Hochburgen. Dort ist er fast greifbar. Manchmal kann man ihn direkt riechen. Oft schleicht er sich auch am Ende einer beruflichen Laufbahn ein. Blumen und Geschenke müssen dann herhalten, um ihn erträglicher zu machen. Damit er uns nicht verletzt, erfinden wir Rituale: Wer kennt nicht dieses hektische Austauschen von Adressen nach einer Kreuzfahrt oder einem Seminar? Abschiedsschmerz ist einer der unvermeidlichsten Schmerzen dieser Welt.
Trennungen tun immer weh. Auch die scheinbar leichtherzigen. Egal, ob wir endlich den Teddybären auf den Speicher schaffen, einen schal gewordenen Champagnerrest wegschütten oder einen liebgewonnenen Radiomoderator vermissen, der aus Altersgründen ausscheidet. Wehmut mischt da auf jeden Fall stets mit.
Trennungen – vom Verkauf des alten Autos bis hin zum Tod eines vertrauten Menschen – können so schmerzen, daß es einem nicht nur die Tränen in die Augen treibt, sondern auch körperliche Leiden entstehen, daß der Mensch süchtig wird nach betäubenden Drogen oder gar, wie es so schön heißt, an gebrochenem Herzen stirbt.
Fatalerweise besteht das Leben nun einmal zum Großteil aus Abschieden, banalen wie dramatischen. Die Geburt ist der erste Abschied. Das Abnabeln belastet Mutter und Kind gleichermaßen. Diese Trennung treibt das Neugeborene in erschrecktes Gebrüll, seine Mutter nicht selten in die postnatale Depression.
Es geht erbarmungslos weiter. Bald schon endet die Kindheit. Vielleicht an jenem Dezemberabend, an dem man merkt, daß der Nikolaus nur ein verkleideter Nachbar ist. Und vielleicht zieht die Familie um – man muß Abschied

nehmen von den Klassenkameraden. Dann stirbt womöglich die Großmutter, später das Meerschweinchen.
Bald verläßt man die Schule, um »ins Leben hinauszutreten«. Irgendwann vorher endet auch die Illusion, daß Eltern unfehlbar sind. Längst hat man den ersten Liebeskummer hinter sich. Vielleicht gibt man ein Studium wieder auf, nachdem einen klar wurde, daß man doch nicht zur begnadeten Altphilologin geboren ist. Inzwischen hat man auch die lila Hot pants einer Freundin geschenkt, die Puppenkleider für ihre Tochter daraus nähen will. Die Zeit vergeht.
Es heißt Abschied nehmen von der Vorstellung, daß man den Nobelpreis in Chemie erhalten oder wenigstens eine Karriere als Hochseilartistin machen könnte. Und ein, zwei Jahrzehnte später muß man vielleicht akzeptieren, daß es nunmehr zu spät ist, um ein Kind in die Welt zu setzen.
In einem anderen Fall sind die Kinder flügge. Viele Mütter ertragen diesen Abschiedsschmerz überhaupt nur, indem sie den Entschwundenen Freßpakete hinterherschicken, als gälte es, Nachkriegshungersnöte zu überstehen.
Abschied nehmen, sich Lebewohl sagen, einander verlassen, alles hinwerfen. Wieder und wieder.
Aber eines Tages, vielleicht nur aus Schwäche, vielleicht aber auch aus Einsicht, wird der Kampf gegen Abschiede, gegen Vergänglichkeit aufgegeben. Und man erkennt, daß ohne Trennungen im Leben nichts voran-, nichts weitergeht.

Doch wie soll man sich abfinden mit einer Trennung, die das Herz so schwer macht? Soll man etwa diesen kaltschnäuzigen alten Schlager trällern: »Wer wird denn weinen, wenn man auseinandergeht, wenn an der nächsten Ecke schon ein andrer steht?« Soll man zum rückgratlosen Wendehals mutieren? Soll man an nichts mehr hängen?
Die Lösung des Problems ist gar nicht so schwer, wenn man es schafft, nur nach vorne zu schauen (der Blick zurück ist ja

sowieso verschwommen und unklar durch diesen gewaltig störenden Tränenschleier hindurch). Dann wird einem wirklich bewußt, während man noch das Taschentuch an die Nase preßt, daß nichts Neues, womöglich Besseres entstehen kann ohne Trennung vom Alten. Das ist dann der Augenblick, um sich zu versöhnen mit dem Unabwendbaren und, mehr noch, ihm sogar Gutes abzugewinnen.

Man braucht nicht gleich eine Schwester Leichtfuß zu werden oder ein Ex-und-hopp-Freak. Aber wer sich leicht von belastenden Dingen trennen kann, macht den Weg frei für Neues. Der Baum läßt seine vertrockneten Blätter fallen, das Wild stößt abgestorbenes Geweih ab. Also weg mit überflüssigen Gewohnheiten, irrealen Lebenszielen, überkommenen Moralvorstellungen und veralteten Ansichten.

Ein Mensch, der sich lösen kann, ist der Lösung näher. Selbst der eiserne Reinhold Messner kehrt um, wenn er erkennt, daß widrige Umstände den Gipfel unerreichbar machen. Selbst Yves Montand, einst ein überzeugter Linker, wechselte – in die Jahre gekommen und keineswegs leichtfertig – aus einer neu gewonnenen politischen Überzeugung heraus noch einmal die Fronten. So wie umgekehrt streng Konservative sich nach Jahren dem liberalen Lager zuwenden können. Und Goethe, sicher auch kein Wankelmütiger, sagte: »Nur wer sich wandelt, bleibt mir verwandt.«

Wie oft bringt doch das Fallenlassen einer zwanghaften Fixierung unerwartet positive Ergebnisse: zum Beispiel bei jenen Frauen, die schwanger werden, nachdem sie den jahrelangen Kampf ums Kinderkriegen aufgegeben und sich schon zur Adoption eines fremden Babys entschlossen haben.

Die Menschen verarbeiten Trennungen unterschiedlich. Manchen fällt es schon schwer, verwelkte Blumen wegzuwerfen. Andere wechseln politische Meinungen wie ihre Unterhosen. Wieder andere geben bei jeder neuen Mode den bislang geliebten Mantel in den Secondhandshop. Und gegen Trennungen besonders Allergische schieben es so lange wie möglich auf, abends die Vorhänge zuzuziehen, weil das den Abschied vom Tag bedeuten würde (nicht selten sind das allerdings auch jene, die am Morgen nicht aus dem Bett kommen, weil sie sich dann von der Nacht verabschieden müssen).

»Die Sehnsucht nach Dauer ist eine sehr frühe und tiefe in uns«, schreibt der Psychoanalytiker Fritz Riemann. Das Festhalten an einmal Erworbenem, Ausprobiertem, Gesagtem, Geglaubtem ist also ein Trieb. Bevor er aber zwanghaft wird, sollte man auch dem Urbedürfnis nach Tatendrang, Unternehmungslust und Neuanfang nachgeben.

Gewohnheitstier und Windhund verstehen einander ebensowenig wie Rechthaber und selbstkritische Zweifler, Konservative und Pioniere verachten einander, Reaktionäre und Revolutionäre bekämpfen sich. Sind vielleicht sogar Kriege geführt und Welten in Brand gesetzt worden, nur weil die Fähigkeit zum Loslassen, zum Abschiednehmen beim Menschen so unterschiedlich ausgeprägt ist?

Abschiede er-nüchtern, ent-täuschen und des-illusionieren, denn sie setzen etwas ziemlich Törichtes voraus: nämlich Rausch, Täuschung und Illusion. Noch ist unser Lächeln über diese plötzliche Erkenntnis ein wenig bitter. Aber schon wird auch die Heilkraft dieser bitteren Medizin spürbar. Die melodramatische, aber dennoch leider völlig richtige Vorstellung »Es wird nie wieder so sein wie vorher« hat einem lange genug angst gemacht. Jede Veränderung wurde deshalb aufgeschoben. Nur ja nichts aufgeben! Nichts hergeben! Nicht umkehren! Nicht abrücken! Nicht loslassen! Dabei ist diese Angst ziemlich unberechtigt. Viele Trennungen vollziehen sich schmerzloser als befürchtet.

Johann Gottfried Herder hat das schon 1769 so beschrieben:

»Jeder Abschied ist betäubend. Man denkt und empfindet weniger, als man glaubte.«
Und so wirft die eine zum Beispiel das Image der männermordenden Blondine über Bord, um sich endlich dem wahren Sinn ihres Lebens hingeben zu können, der vielleicht in einem ganz anderen Selbstbild liegt – welche Befreiung! Und die andere gibt lebenslange, stumpfgewordene Gewohnheiten endlich auf, um sich unter neuen Möglichkeiten umzuschauen wie in einem Feinkostladen – welcher Spaß! Eine dritte lädt den Ballast einer Ideologie, eines Vorurteils oder einer festgefahrenen Meinung ab – welche Erleichterung!
Wie die Erholung nach langer Krankheit können heitere Abschiede neue Lebenskraft bedeuten. Hermann Hesse beendet sein berühmtes Gedicht »Stufen« schließlich auch mit der wunderbaren Good-bye-Zeile: »Wohlan denn, Herz, nimm Abschied und gesunde!«

Selbstwertgefühl – je unterentwickelter, desto mächtiger

Als der Hund den Kaviar erwischte, ließ mich das kalt. Hauptsache, es hat ihm geschmeckt. Auch auf den zerknautschten Kotflügel reagierte ich kaum. Der kann ja repariert werden. Aber als ich die vertrocknete Kastanie nicht wiederfinden konnte, die mir vor Jahren ein geliebter Mann aus Korsika mitgebracht hatte, weinte ich hemmungslos.
Was einem Menschen wertvoll erscheint und was nicht, ist eine höchst subjektive, persönliche und private Angelegenheit, voll Heimlichkeit und Willkür. Das Gefühl für den Wert einer Sache bestimmt jedoch unser ganzes Leben: Ist diese Aufgabe es wert, angepackt zu werden? Ist es jener Mann wert, daß man einen Abend mit ihm verbringt? Tag-

aus, tagein heißt es abwägen zwischen Annehmen und Verzichten, zwischen Tun und Lassen.
Im Laufe der Jahre entwickeln wir meist ein gesundes Gefühl für das, was guttut. Wir werden sicher in unseren Wertungen und Gewichtungen: von der Farbe, die uns am besten steht, bis hin zur politischen Partei, die unsere Interessen am besten vertritt; von der Auswahl der Freunde, die wir um uns scharen, bis hin zum beruflichen Einsatz.
Lebenserfahrung und Instinkt, Lernprozesse zwischen Rückschlag und Erfolgserlebnis, zwischen Tränen und Triumph haben uns geschmackssicher und treffsicher werden lassen. Warum aber setzen Augenschein und Einsicht, Gefühl und Empfinden so oft aus, wenn es um jenen Wert geht, den wir uns selbst beimessen? Vor allem uns als weibliche Menschen, so wie wir geschaffen wurden und geworden sind. Und wie wir vielleicht siebzig, achtzig Jahre lang zurechtkommen müssen: mit den Mitmenschen, mit uns selbst, mit den mehr oder weniger widrigen Umständen des Lebens.
Wir entwickeln zwar Taktgefühl im Umgang mit Kranken, Ballgefühl auf dem Golfplatz, Feingefühl bei verzwickten Geschäftsverhandlungen und besonders viel Gefühl in Fragen der Zuneigung. Nur beim Selbstwertgefühl hapert es. Da sind vor allem die Frauen zögernd und zweifelnd. Ihre Selbsteinschätzung, zuerst vielleicht nur unsicher, kann nämlich sehr schnell gänzlich verkommen.
Eine fatale Eigendynamik setzt dann ein. Wer merkt, daß das Eigenbild unscharf wird, rettet sich oft unbewußt in eine neue Sackgasse. So eine Person gibt einfach das genaue Hinsehen auf. Das Selbstbild frißt sich fest. Es ist in diesem Fall endgültig negativ geworden.
Wer grundsätzlich das Schlechteste von sich annimmt, erspart sich natürlich Arbeit an sich selbst und Enttäuschun-

gen. Statt Konfrontation Resignation. Und das letzte Restchen Selbstwertgefühl geht zum Teufel.

Wir alle kennen solche Menschen: Es sind die Niedergedrückten, schüchternen, ohne den Charme der leisen Schamhaftigkeit, verzagt, mutlos, verbittert. So begegnen sie uns.

Merkwürdigerweise entwickeln sie ein anstrengendes Gebaren. Man sollte meinen, wer sich für wertlos hält, würde sich folgerichtig auch damit abfinden, nicht der Anteilnahme anderer wert zu sein. Weit gefehlt. Der Mensch mit wenig Selbstwertgefühl hat eine fatale Tendenz dazu, diesen besonderen Mangel der Umwelt ununterbrochen kundzutun: Ich habe ja doch kein Glück! Ich lerne das nie und nimmer! Mich liebt keiner! Ich bin nun mal eine graue Maus! Bei mir sind Hopfen und Malz verloren! Ich geb's auf!

Der Umwelt wird auch eine Art Schuld an diesem Zustand gegeben. Denn es sind ja angeblich die Strahlenden, Starken, Kräftigen, die jenen Schatten werfen, in dem die Mutlosen vor sich hin welken.

Unterschwellig und immer schön schüchtern, aus ihrer geduckten Tiefe heraus, nerven solche Leute mit ihrem Mangel. Sie teilen sich penetrant mit. Sie fordern zum Trösten auf. Sie machen, wenn schon nicht ein schlechtes Gewissen, so doch zumindest schlechte Stimmung.

Den Starken in ihrer Umgebung wird so von ihrer Kraft genommen, ohne daß diese Kraft auf die Schwachen übergehen könnte. Sie verpufft. Damit ist niemandem geholfen. Außer den ichschwachen Duckmäusern und ihrem üblen Hang zum Destruktiven.

Soweit die äußerliche Beschreibung von Leuten mit wenig Selbstwertgefühl. Aber stimmt denn dieses Bild überhaupt? Ist es so einfach? Leider nicht.

Auch die Selbstbewußteste kennt die üblen Einbrüche ihrer Stimmungen und leidet unter Zweifeln und Minderwertigkeitsgefühlen. Auch Menschen, die sich für Kämpfer und Sieger halten, versinken immer mal wieder im Pfuhl dumpfer Mutlosigkeit, sacken ab bis zum Nullpunkt jeglicher Souveränität, versumpfen im Morast der Tristesse. Wenn ein geliebter Mensch geht, wenn eine Prüfung nicht bestanden wird, wenn eine Krankheit chronisch wird, wenn andere mit mehr Geld daherkommen, mit blonderen Haaren oder weniger Jahren auf dem Buckel. Oder auch mal einfach nur so, ganz ohne bestimmten Grund.

Das Selbstwertgefühl ist ein sensibles, allzu leicht irritierbares Ding – immer verletzlich und durch die geringsten Kleinigkeiten zu erschrecken. Erst pflegt es zusammenzuzucken, dann steckt es rasch den Kopf in den Sand, auf daß es unsichtbar werde. Vor allem nichts mehr von der Person, in der sonst das Selbstwertgefühl zu Hause ist.

Was kann man tun?

Man kann dieses zarte Pflänzchen stärken. Nicht durch Zwang, sondern durch Übung. Es muß abgehärtet werden, seine Immunkräfte müssen belebt und entwickelt werden, damit nicht gleich jedes laute Wort des Chefs oder ein aushäusiger Flirt des Lovers das ganze Psychosystem zusammenbrechen lassen.

Unser Selbstwertgefühl hat nichts, aber auch gar nichts mit der Meinung eines anderen Menschen zu tun. So schwer das auch einzusehen ist. Vor allem nicht mit der des Mannes, der eine Frau betrügt oder verläßt. Das sei insbesondere jenen gesagt, die mit einem extrem reduzierten Selbstwertgefühl auftreten – den Liebeskummerkranken.

Wenn ein Partner geht, ist das seine Sache und sein Problem. So weh er dem Zurückgelassenen auch tut. Schmerz über den Verlust ist jetzt erlaubt. Zweifel am Selbstwert aber ist verboten.

Den eigenen Wert erkennen und genießen – das kann man nicht durch andere beziehen. Sie spiegeln nur, aber sie sind

eigene, andere Menschen. Mit eigenen und anderen Selbstwertgefühlen.
In einer Partnerschaft bringt nicht die Verschmelzung mit dem anderen den Erfolg, sondern die Betonung eigener Normen. Hat man die einmal gefunden, sollte man sich danach richten. Erst wenn jemand seine ureigensten Maßstäbe und Ansprüche, seine Gesinnung, seinen Geschmack und seine Gefühle verrät – dann darf er sich ausnahmsweise mangelndes Selbstwertgefühl leisten.
Der Mensch mit Respekt vor sich selbst bringt keine Opfer ohne guten Grund. Er gibt seine Individualität nicht auf. Er hat keine Schuldgefühle, sondern akzeptiert sich – mit all seinen Schwächen. Er schätzt sich, liebt sich. Liebt sich?
Das ist das Stichwort für ein seltsames Phänomen im Empfinden und Verhalten der Menschen: Wer sich mag, setzt entsprechende Signale – wie man es, bewußt oder unbewußt, mit allen Gefühlen tut. Wer sich des Geliebtwerdens für wert hält, gibt sich also liebenswert, wirkt liebenswert. Diese Signale werden erkannt und aufgenommen. Wer sich selbst mag, wird demnach bald als jemand, den man mag, erachtet. Entsprechend kommt ihm die Umwelt entgegen.
»Selbst die sanftesten, bescheidensten und besten Mädchen sind immer sanfter, bescheidener und besser, wenn sie sich vor dem Spiegel schöner gefunden haben«, hat schon Georg Christoph Lichtenberg treffend bemerkt.
Wer so behandelt wird, nämlich voller Zuneigung, Zuversicht und Anerkennung, der wird tatsächlich so, wie ihn die anderen sehen und ihm begegnen. »Selffulfilling prophecy«, also die sich selbst erfüllende Vorhersage, nennen die Psychologen diese altbekannte Dynamik. Eine Verflechtung von Aktion und Re-Aktion hat eingesetzt, ein Aufschaukeln positiver Haltungen, eine Eskalation der Ich-Stärkung beginnt. So können, wie der berühmte Psychologe Abraham H. Mas-

low schreibt, »Änderungen im Verhalten Persönlichkeitswandlungen herbeiführen«.
Über ein paar Umwege, die mit einem Hauch von Eigenliebe beginnen, wird das Ziel gesunder Selbstachtung leichter erreicht. Daß aus der Selbstachtung dann bald Selbstwirksamkeit wird, ist nur noch ein kleiner Schritt. Allein schon der Glaube an die eigene Leistung kann Berge versetzen. »Wer sich selbst alles zutraut, wird andere übertreffen«, lautet eine fernöstliche Weisheit.
Andererseits wird die Träumerei von einem irrealen Idealzustand nur ins Aus führen. Die Soziologin Christine Woesler de Panafieu schreibt: »Nicht zufrieden mit sich selbst, vor allem mit dem eigenen Körper, dem Beruf, der Kleidung und Bewegung, schaffen sich Frauen im Ich-Ideal ein ausgedehntes Reich von Imaginationen.«
Über solchen Träumereien, die nichts bringen außer neuem Mißvergnügen, vergessen viele Menschen, genau hinzusehen, wie sie eigentlich sind: weiß Gott liebenswert! Auch ohne Mandelaugen oder Spitzenkarriere und auch, wenn das Soufflé immer wieder zusammenfällt.
Zu den zwölf psychischen Grundbedürfnissen des Menschen gehört auch jenes nach Selbstbestätigung und nach Anerkennung. Die Unsichere, von Schuldgefühlen und Selbstzweifeln Gebeutelte, schädigt sich also doppelt. Erstens leidet sie an ihrem Mangelsyndrom. Und zweitens kann sie eines ihrer Urbedürfnisse nicht befriedigen, nach dem ihre Seele fortwährend schreit.
»Die Ruhe der Seele ist ein herrliches Ding und die Freude an sich selbst«, schrieb der Genießer Goethe – noch bevor man von den zwölf Grundbedürfnissen der Seele und dem emotionalen Quotienten sprach.

Nörgeln – vom Glücksgefühl, in jeder Suppe ein Haar zu finden

Es gibt eine Stimmung, die uns leider immer wieder in eine wenig elegante oder anmutige Rolle drängt. Die Stimmung: giftig. Die Rolle: die einer Nörglerin.
Nörgeln wir, um einen deftigen Streit zu vermeiden? Nörgeln wir aus Resignation? Nörgeln wir aus Gewohnheit? Oder finden wir vielleicht sogar einen heimlichen Genuß am krittelnden Geraunze?
Ich meine jetzt nicht diese Giftnudeln, in die wir uns alle hin und wieder verwandeln (manche sogar längerfristig, einige über Jahrzehnte hinweg), wenn es um unsere Männer geht. Denn wir sind anspruchsvoll, ziemlich erbarmungslos, hellhörig und scharfsichtig, dazu wortgewandter und sensibler als unsere Partner. Und so haben wir uns mit Mäkeln und Meckern eine heimtückische (und oft genug ungerechte) Art angewöhnt, Unzufriedenheit und Mißmut auszudrücken. Dieses nervende Verhalten in Ehen und Partnerschaften hat bekanntlich noch nie zu einer Änderung der Umstände geführt, sondern nur zu ihrem Gegenteil – dem resignierenden Schweigen, dem Abblocken, dem Rückzug in immer festgefahrenere Positionen.
Diesmal geht es also nicht um die auf allen Bühnen der Welt beheimatete böse Witzfigur des Hausdrachens, sondern um jene Miesmacherin, die ihren dumpfen Dunst über uns alle breitet.

Wir kennen sie gut, die Nörglerin und ewige Pessimistin, die uns mit ihrer Zerknirschtheit und ihrer permanenten Trauermiene jeden Spaß verdirbt. Wir kennen sie gut – denn allzu häufig sind wir das selbst!
Kann es sein, daß Nörgler muffeln? Ich behaupte: ja. Und

ich kann sie nicht mehr riechen. Sie verpesten ihre Umgebung. Sie sind ansteckend. Und nach einem Abend mit einer sauertöpfischen Grantlerin hängt ihr dumpfer Geruch so in den Kleidern, daß man gut daran tut, diese über Nacht auf dem Balkon auslüften zu lassen.
Natürlich gibt es hin und wieder Phasen der Traurigkeit. Man gefällt sich auch mal in der Melancholie. Auch diese Anfälle von Schuldgefühlen sind bekannt, die uns sogar beuteln, wenn irgendwo eine Bank ausgeraubt wurde. Oder wir üben uns vorübergehend in Selbstkritik, weil wir zuviel essen oder zuwenig turnen. Solche Verirrungen meine ich nicht.
Es geht hier vielmehr um jene Unken, die den Selbstzweifel, das Zögern und Zaudern, Grübelei und Kleinmütigkeit zur Attitüde erhoben haben. Es gibt sie zuhauf. Immer ein bißchen verdrossen, mißmutig, larmoyant und grämlich, hadernd mit sich und der Welt. Das sind die unentwegten Schwarzseherinnen, deren Blick dennoch so geschärft ist, daß sie garantiert in jeder Suppe ein Haar finden. Es sind jene, die keine Kinder »in eine solche Welt« setzen wollen und ganz sicher keinen Baum mehr pflanzen – weil ja doch morgen die Welt untergehen wird.
Wir sollten künftig mitleidloser und unerbittlicher mit diesen Leuten umgehen, die doch nur auf die Mißstände bei sich und anderen und der gesamten Umwelt aufmerksam machen. Und warum sollen wir so streng sein? Eben weil sie nichts weiter tun, als darauf aufmerksam zu machen. Mehr nicht.
Das ewige Kritisieren, Warnen und Zögern der Pessimisten ist nämlich nichts weiter als die bequeme Art, sich davor zu drücken, diese Mißstände zu beheben. Kein Wunder, denn ein Jammerlappen ist wie ein nicht ausgewrungenes Putztuch: Er kann keinen Dreck beseitigen, sondern verteilt den vorhandenen großflächig.

Werfen wir einen genaueren Blick auf die Trägerinnen saurer Mienen, so lassen sich zwei Typen unterscheiden: die ewig Selbstkritische mit den Schuldgefühlen, immer pendelnd zwischen Selbstbeschuldigung und Selbstmitleid – und die Anklägerin aller übrigen Schlechtigkeiten dieser Welt. Beide sind gleichermaßen lästig.

Die Selbstkritische buhlt nämlich im Grunde frech und auf ganz verzinkte Weise um Gunst, Verzeihen, letztlich um Bewunderung. Sie rechnet mit dem Widerspruch. Aber sie ändert sich nicht. »Wir sind leicht bereit, uns selbst zu tadeln. Unter der Bedingung, daß niemand einstimmt«, beobachtete bereits um 1900 die Schriftstellerin Marie von Ebner-Eschenbach klug bei ihren Geschlechtsgenossinnen.

Die Anklägerin dagegen verschlimmert gewöhnlich, was sie kritisiert. Wer die üblichen Mißstände in dieser Welt konstant bedauert, leistet einen besonderen Beitrag zu den beklagten Zuständen. Er vertieft und verschärft sie nämlich. Und das geht so: Wer sich ständig vorsagt, wie schlecht er und die Welt seien, der wird sich – bewußt oder unbewußt – sicher nicht so verhalten, daß er plötzlich das Gegenteil beweisen müßte. Er bestärkt die widrigen Umstände und wird sich immer destruktiver aufführen. Sein Weltbild muß ja schließlich stimmen, damit er neuen Grund zum Jammern hat. Damit leistet er einen fatalen Beitrag zum Schaden der Welt.

Umgekehrt gilt diese Regel freilich auch. Man kennt inzwischen die Power positiver Gedanken: im Alltag wie in der Psychotherapie oder beim Heilungsprozeß von Krankheiten. Dazu gehört zum Beispiel auch der Trick mit dem Selbstbewußtsein. Sogar wenn Selbstbewußtsein am Anfang nur vorgetäuscht wird, zeigen sich bald Erfolge, die das gespielte Selbstbewußtsein locker zu einem echten, weil begründeten werden lassen. Wer sich also endlich mal über alle quälenden Selbstzweifel und Unsicherheiten hinwegzusetzen versucht, merkt schnell, daß er sie bisher ziemlich vergebens mitschleifte.

Eine seltsame Eigendynamik beginnt mit der positiveren Lebenshaltung emotional intelligenter Frauen. Wer dem Leben zuversichtlich und guten Mutes gegenübertritt, hält sich für kräftig und stark. Wer sich selbst so einschätzt, wird auch von anderen dafür gehalten. Wer so angesehen wird, entwickelt tatsächlich Kraft und Stärke.

Übermächtige Schuldgefühle oder einengendes Schamgefühl aber machen mit der Zeit immer ängstlicher. Sie sind der Urquell von Selbsthaß. Sie entstellen, lähmen und machen häßlich – seelisch häßlich.

Abraham H. Maslow beschrieb »gesunde Individuen« so: »Sie sind imstande, ihre eigene menschliche Natur in stoischer Art zu akzeptieren, mit allen ihren Unzulänglichkeiten.« Diese Leute würden ihre Gebrechlichkeiten und Sünden, Schwächen und Übel aber nicht selbstzufrieden hinnehmen, sondern eher fraglos – wie zum Beispiel die Eigenschaften der Natur.

Fröhlich zu sein ohne Bedauern, Scham oder Entschuldigung ist kein tumbes »In-den-Tag-hinein-Leben« primitiver Sonnyboys und -girls, sondern eine Haltung aus Stärke, Stolz und Dankbarkeit dem gegebenen Leben gegenüber. Der ewig unzufrieden vor sich hin brütende Mensch hingegen ist nicht der alles durchblickende Weise, für den er sich oft hält. Im Gegenteil: »Es liegt etwas Niedriges darin, sich anders zu wünschen, als man ist«, schreibt der Lyriker Friedrich Georg Jünger.

Von dem amerikanischen Komiker Groucho Marx weiß man, daß er allabendlich betete. Seine kleine, private Andacht hörte sich zwar kühl und nüchtern an; ketzerisch aber war sie sicher nicht: »Gestern noch ungeboren. Morgen schon tot. Warum sich quälen, wenn das Leben schön ist?«

Neid – das schillernde Kompliment und seine geheime Verführung

Wie gehen wir mit Neid um? Den eigenen leugnen – und dennoch unter ihm leiden? Den der anderen genießen – und sich dessen daraufhin schämen? Neid ist ein besonders verpöntes Gefühl, und dennoch hat er auch seine reizvollen, ja sogar lobenswerten Seiten. Er ist Bestandteil von vielen »gemischten« Gefühlen, wie zum Beispiel der Eifersucht. Und er ist nicht nur so gelb, wie man angeblich »vor lauter Neid« wird, sondern durchaus schillernd.

»Warum gehen wir überhaupt noch auf diese Feste und Empfänge?« fragten sich neulich drei Freundinnen, die gemütlich in einer Kneipe zusammensaßen. »Es ist reiner Sadismus«, erklärte schließlich eine routinierte Partygängerin der verblüfften Runde, »wir wollen ganz einfach bei den anderen Neid erzeugen.«

Tatsächlich mag ein giftiges Körnchen Wahrheit dran sein. Es zieht uns schließlich eher zur Geselligkeit, wenn wir mit einem neuen Outfit oder einem neuen Begleiter aufwarten können, mit bevorstehenden Vertragsabschlüssen oder abgeschlossenen Diätkuren, gerade bestandenen Examina oder einfach nur strahlender Laune. Selten werden die eben Gefeuerte oder die frisch Verlassene zum festlichen Auftritt drängen.

Was also vom Topjob übers neue Cabrio bis zum Verehrer vorgezeigt sein möchte (was schlichtweg mit »Angeben« bezeichnet werden kann), mag für die seltenen Exemplare der reinen Seelen unter uns so etwas sein wie »Andere an meiner Freude teilhaben lassen«. Für die große Herde der restlichen schwarzen Schafe aber ist es immer auch ein wenig »Sollen sie doch ruhig neidisch werden!«

Wir Frauen lernen dabei zur Zeit eine neue Art von Neid

kennen. Früher waren es vielleicht mal Dreikaräter, brave Kinder oder das geschmackvoll dekorierte Eigenheim, mit denen Frauen andere Frauen zur Weißglut bringen konnten. Heute erfahren wir den blanken Neid aus ganz anderer Ecke: Die Männer sind es, die uns immer öfter um unser Selbstbewußtsein, unsere Souveränität, unsere Freiheiten und Möglichkeiten beneiden. Spitzengehälter, Anerkennung, Ansehen, Ruhm und manchmal auch Macht – all das ist schließlich nicht mehr allein dem anderen Geschlecht vorbehalten.
Aber was machen die derartig beneideten Frauen? Sie machen sich klein. Sie wollen keinen Neid erzeugen. Sie spielen sich selbst verlegen herunter. Noch immer mimen sie scheue Weibchen – nur damit einer anbeißt und sich nicht schon im Vorfeld durch einen eventuellen Anflug von Neid abhalten läßt. Andere üben sich in lächerlichem Understatement, damit der Begleiter nicht leidet unter seinem Tariflohn, seinem nur erträumten Abteilungsleiterposten, seinem immer noch nicht veröffentlichten Roman.
Warum sollen Frauen den Kaviar, den sie sich vielleicht mal endlich vom Selbstverdienten leisten können, klammheimlich aus der Dose löffeln? Her mit den Gästen und aufgetischt! Wer unter dem Neid anderer leidet (außer sie stechen nachts die Reifen auf), der hat noch nicht erkannt, was Aischylos schon vor Jahrhunderten wußte: »Wer unbeneidet wandelt, ist nicht beneidenswert.«
Wir sollten ruhig einmal mehr Verpöntes wagen. Wie wäre es, den Mißgünstigen ihre nagende Mißgunst noch anzuheizen? Bei der allgemeinen Neiderzeugung könnte jeder mitmachen. Denn jeder – auch der Mensch, der sich für einen ewigen Verlierer hält – hat irgend etwas, womit er bei irgend jemandem Neid erzeugen kann. Bestraft gehören sie nämlich, diese gelbgrün gefleckten Neidhammel, diese scheeläugigen Mißgünstlinge mit ihrem schiefen Lächeln, die uns immer alles vergällen wollen.

Gehört er also richtig ausgelebt, der Sadismus zwischen Auftrumpfen und Hinreiben, Angeben und Provozieren?
Vorsicht! Denn während wir als weiblicher Gustav Gans durchs Leben tänzeln und neidische Donald Ducks am Rande zurücklassen, übersehen wir in unserer Mischung aus Bedenkenlosigkeit und Gnadenlosigkeit womöglich zweierlei: Was sich im feixenden Bewußtsein des Neides anderer vor allem genießen läßt, ist weniger das Glück an sich (also der pure Genuß, das schier animalische Wohlsein, die ureigenste Seligkeit). Das läßt sich nämlich schlecht vermitteln. Man kann mit ihm nur sehr indirekt glänzen. Vielmehr ist es das Prestige, das man darum herum baute und womit man glaubt, treffen und beeindrucken zu können.
Das reihum neiderzeugende äußere Abbild angeblicher innerer Glückseligkeit ist oft von brüchiger Qualität: »Der Ruhm kann mich nachts nicht wärmen«, sagte Marilyn Monroe einmal. Beneidenswert?
»Wer unaufgefordert vor sich herschiebt: ›Meine Arbeit macht mir ausgesprochen Freude‹ oder ›Wir führen eine sehr glückliche Ehe‹, der hat es nötig, sein emotionales Defizit durch den Neid, den er erregen und sadistisch mitkosten möchte, aufzufüllen«, schreibt der Psychologe Arno Plack in seinem Buch »Ohne Lüge leben«.
Die zweite fatale Folge, die geübte und erbarmungslose Neiderzeuger häufig übersehen, ist ein ungewollter Effekt. Sie tun nämlich den geifernden Neidern nicht das gewollte Böse an, sondern dummerweise manchmal auch richtig Gutes. Wenn nämlich Neid hellhörig macht, ärgerlich und aufmüpfig, dann ist schon mancher auf dem Weg über seinen Neid auf die Idee gekommen, sich oder die Umstände zu ändern. Befreiungsbewegungen und auch Spitzenkarrieren haben nicht selten so ihren Anfang genommen.

Neid hat viele Gesichter: Futterneid und Gebärneid, Hackordnung und Gegockel, Rivalität und Konkurrenz, Wettkampf und Krieg. Ohne die Komponente Neid würde nichts davon stattfinden. Die Mißgunst grassiert unter den Menschen seit Kain und Abel, und sie reicht über Schneewittchens Stiefmutter bis zu Krystle und Alexis in der alten Fernsehserie »Denver Clan«.

Wir kennen die unterschiedlichsten und subjektivsten Neidkonstellationen: Glatthaarige Frauen beneiden solche mit einer Naturkrause. Kraushaarige Frauen beneiden solche mit glatten Haaren. Ehepaare beneiden Singles, Singles beneiden Eheleute. Geschwister entwickeln durch ihren Futterneid die Fähigkeit, blitzschnell zuzugreifen und rasch zu essen (sie sind später erfolgreich, weil sie keine langen Mittagspausen machen). Männer neiden anderen Männern wahlweise die Lokomotiven ihrer Spielzeugeisenbahnen oder das noch volle Haupthaar.

Die Mißgunst tritt merkwürdigerweise auch geballt in jenen Gruppen auf, die durch gleiches Tun eigentlich in fairer Kameradschaft zusammenhalten sollten: zum Beispiel unter Volksmusikgruppen, im Lehrkörper der Universitäten oder bei den Schauspielern, deren gegenseitige Bissigkeit berühmt und Anlaß zu vielen Anekdoten ist.

Schließlich gibt es auch noch eine ganz besondere Art von Neid – nämlich den eigenen Neid! Ihn kennzeichnet, daß es ihn offenbar nicht gibt. Mit den schändlichsten Lastern mag man prahlen – nur den Neid, den erwähnt man ungern. Mit ihm läßt sich nun mal nicht imponieren. Nichts Glänzendes haftet dieser Emotion an. Ein Neidhammel taugt nie und nimmer zum Salonlöwen.

Wer nun eigentlich wann zu beneiden ist und wer nicht, bedarf also des genauen Hinsehens. Um das Ganze noch zu erschweren, hat uns der Philosoph Arthur Schopenhauer folgendes Zitat hinterlassen: »Wer sich vergegenwärtigt, wie notwendig zu unserem Heil Not und Leiden meistens sind,

der wird erkennen, daß wir andere nicht sowohl um ihr Glück als um ihr Unglück zu beneiden hätten.«
So gesehen lohnt sich jeglicher Neid ja eigentlich überhaupt nicht mehr. Eines von beiden, Glück oder Unglück, haben wir zeitweise schließlich alle.

Eitelkeit – unsere bizarren Tänze vor dem Spiegel

Wenige Gefühle sind so umstritten wie die Eitelkeit. Und wenige werden so unterschiedlich definiert. Die klassischen Vertreter der Eitelkeit sind angeblich die Frauen. Wenn Eitelkeit aber »Eigenliebe« und »Gefallsucht« bedeuten, so scheinen die Männer genauso damit geschlagen zu sein.
Außerdem kann sich Hochmut in Eitelkeit äußern – aber auch sein scheinbares Gegenteil: die Bescheidenheit (die häufig Zeichen einer heimlichen Gefallsucht ist). Eitelkeit kann sogar hinter so gesellschaftlich anerkannten guten Eigenschaften wie der Opferbereitschaft stecken.
Wie vielschichtig die Meinungen darüber sind, zeigen die Aussagen von zwei großen Denkern: Jean de la Bruyère, der sich im 17. Jahrhundert mit spitzer Feder der Gefühle, Tugenden und Untugenden seiner Mitmenschen annahm, deckte es knallhart auf: »Falsche Bescheidenheit ist das letzte Raffinement der Eitelkeit. Sie soll bewirken, daß der Eitle nicht als solcher erscheint, sondern die Tugend zur Schau trägt, welche das Gegenteil jenes Lasters ist, das seinen Charakter ausmacht. Hier lügt er also.«
Und der Dichter Gottfried Keller behauptete im 19. Jahrhundert: »Die menschliche Eitelkeit vermengt sich mit den edelsten Ideen und verleiht ihnen oft eine Hartnäckigkeit, die uns sonst fehlen würde.«

Es steht fest: »Leben ohne Eitelkeit ist fast unmöglich!« (Tolstoi). Werfen wir deshalb einen Blick in, auf und hinter den Spiegel, das Hauptaccessoire der Eitlen.

Das ist Ihnen bestimmt auch schon mal aufgefallen: Da hält sich zum Beispiel eine Dame am Nebentisch im Restaurant blitzschnell ein Messer vor die gefletschten Zähne, während ihr Begleiter gerade mit dem Ober spricht. Oder ein Mann blickt hochinteressiert in ein Schaufenster und kann anschließend nicht sagen, was in der Auslage gelegen hat. Und ein junges Mädchen starrt abends scheinbar gedankenverloren aus dem Zugfenster in die dunkle Nacht hinaus, ohne das geringste dort draußen wahrzunehmen.
Sie alle führen sich so auf, weil sie etwas vertuschen wollen: nämlich daß sie sich ungeniert in einem Spiegel betrachten. Verstohlen nutzen sie dazu, was sich gerade bietet.
Wieso die Heimlichtuerei? Weil der interessierte, vielleicht sogar zufriedene, am Ende noch selbstbewußte Blick in den Spiegel etwas Verwerfliches zu sein scheint und bei strengen Moralisten als anstößig gilt, ist er doch mit einem dummen Vorurteil verbunden: dem der Eitelkeit.
Indessen schauen meist nur die Männer aus Eigenliebe und Gefallsucht in den Spiegel – das tägliche Rasieren bietet ihnen da einen guten Vorwand. Achten Sie einmal darauf, welch sonderbares Gebaren ein Mann an den Tag legt, sobald er sich spiegelt: Er reckt sich, zieht den Bauch ein, übt den Verführungs- oder den Einschüchterungsblick und plustert sich insgesamt ein wenig auf.
Doch sollten wir diese Eitelkeit nicht allzusehr tadeln, sie läßt sich ja auch nutzen. Über die männliche Eitelkeit ganz allgemein – und nicht nur durch den Rasierspiegel gesehen – sagte nämlich die Dichterin Marie von Ebner-Eschenbach ganz richtig: »Wo wäre die Macht der Frauen, wenn die Eitelkeit der Männer nicht wäre?«

Frauen indessen spiegeln sich meist, um sich zu kontrollieren. Sie gehen nah ran, bemühen manchmal sogar zwei Spiegel, um Seiten- und Rückenansichten zu erhalten, sie überprüfen und verbessern. Sie benutzen Spiegel wie Werkzeuge.

Was aber geht tatsächlich im Menschen vor, der in einen Spiegel schaut? Die Psychologen kennen die unterschiedlichsten Gründe und deuten die verschiedenen Umgangsformen mit den gläsernen Scheiben: Ein Kind zum Beispiel kann sich erstmals im zweiten Lebensjahr selbst im Spiegel wiedererkennen. Dieses Erlebnis ist lebenswichtig für seine Fähigkeit, ein Selbstbild aufbauen zu können und ungestört ein Gefühl für das Ich zu entwickeln.

Später erst beginnen die eher bizarren Tänze und Verrenkungen vor dem Spiegel. Der Mensch mit dem unterentwickelten Selbstgefühl zum Beispiel spiegelt sich, um sich zu versichern, ob er überhaupt noch da ist. Die Magersüchtige sieht sich im Spiegel als fettleibig. Und der Vereinsamte spricht sogar mit seinem Spiegelbild.

Wer den Blick in den Spiegel wiederum meidet, ist oft nicht sosehr der bescheidene Uneitle, als vielmehr ein Neurotiker, der die Konfrontation mit seinem Selbst nicht erträgt.

Wenn wir vor den Spiegeln einer Theatergarderobe oder einer öffentlichen Toilette die Leute beobachten, werden wir schnell merken, daß der Umgang mit dem Ich, das einem da entgegenschaut, meist nicht ungezwungen ist. Seltsame Drehungen und Grimassen, Ärger und Lust, Resignation und Selbstverliebtheit verraten sich einem Beobachter recht schnell.

Aber der nachdenkliche, sensible Mensch fühlt beim Blick in den Spiegel noch mehr. Er spürt etwas, das über sein gespiegeltes Gesicht hinausgeht, sozusagen hinter den Spiegel. Unbewußt fühlt er vielleicht seine eigene Körperlichkeit, das

Wunder des Lebendigseins, die Existenz als Teil der menschlichen Gemeinschaft.

Das wahrgenommene Selbstbild setzt sich aus vielen Anteilen zusammen. Zu den Ebenen des Denkens und Fühlens kommt die Beziehung zur Umwelt und deren Beziehung zu uns. Und als wichtigste Zutat die Subjektivität, das heißt vereinfacht: die Stimmung.

Das Grundgefühl, das wir beim Blick in den Spiegel haben, malt unser Bild erst endgültig: Angst, Scham oder Trauer können es verdunkeln. Freude, Überraschung oder Liebe werfen Glanz darüber. Dann lassen sich beim Blick in den Spiegel vielleicht auch Dinge entdecken wie Humor oder Großzügigkeit, Verläßlichkeit oder Güte.

Mystik und Zauber des Spiegels haben die Menschen schon immer fasziniert. Im Volksglauben hält der Spiegel die Seele fest. Deshalb werden in manchen Kulturkreisen im Hause eines Sterbenden alle Spiegel verhängt. Dem Toten soll damit das Verbleiben der Seele im Diesseits verwehrt werden. Die griechische Sage wiederum berichtet von dem schönen Jüngling Narziß, der sich in sein Spiegelbild auf der Wasseroberfläche eines Sees verliebte und sich daraufhin qualvoll in unerfüllter Selbstbewunderung verzehrte.

Immer schon wurde um Spiegel ein ziemliches Getue gemacht. Im 18. Jahrhundert wurden sie in den Innenseiten der Fächer versteckt; Spiegelgalerien und -kabinette gehörten zu jedem besseren Rokokoschloß; auf den Jahrmärkten lachte man sich vor Zerrspiegeln halb tot; und der Spiegel an der Zimmerdecke über dem Bett der Prostituierten soll durch Beobachtung der Tätigkeit zusätzlich anheizen.

Spiegel sind die Nahtstellen zwischen Selbstbild und Fremdbild. Und doch wäre erst ein sprechender Spiegel auch wirklich objektiv. Ähnlich dem, der Schneewittchens Stiefmutter auf ihre berühmte Frage so unverblümt geantwortet hat. Solange wir gezwungen sind, vor dem stummen und doch so beredten Glas selbst zu urteilen, müssen wir als sprechenden Spiegel wohl immer wieder etwas ganz anderes bemühen: unsere Freunde, so sie denn wirkliche Freunde sind.

Schamlosigkeit – wie die Meisterinnen der Frechheit mit ihrem Schamgefühl umgehen

Viel zu oft schämen wir uns. Zum Beispiel schämen wir uns nachträglich eines Gefühls. Oder weil der Sohn das Schülerkonzert verpatzte. Oder weil wir sicher eine unmögliche Figur machten, als wir bei den ersten Rollerblade-Versuchen im Erwachsenenalter ungraziös auf den Asphalt plumpsten. Oder weil wir beim Gartenfest gleich mit vier anderen die Modefarbe Rosa trugen. Oder weil wir einen Witz nicht kapierten.

Wir beneiden abgebrühte Frauen wie Madonna, Lola Montez oder die Schwabinger Boheme-Gräfin Reventlow, die sich schon um die Jahrhundertwende öffentlich zur freien Liebe bekannte: selbstsichere, unverklemmte, freie Frauen. Doch wie frei sind die beneideten Schamlosen wirklich? Auch die Schamlose ist vielschichtiger, als sie auf den ersten Blick zu sein scheint.

Mit ihren »Unverschämtheiten« zeigt die Schamlose, daß sie jede Szene zu beherrschen weiß. Sie hat nämlich meisterhafte Kontrolle über alle Peinlichkeiten, und kaum eine Situation kann sie verwirren. Sie ist die Königin auf dem Set. Neidvoll müssen das die anderen, die oft meilenweit entfernt sind von ihrem Selbstbewußtsein, anerkennen. Sie nimmt den Mund recht voll: beim großmäuligen Lachen, beim ungenierten Gähnen, falls sie sich langweilt, beim genußreichen Völlen, beim großmächtigen Tönen, sperrangelweit und ungeniert. Und dennoch ist man ihr nicht böse.

Denn sie ist nur eine sogenannte Maulhure. Nichts wirklich Verwerfliches steckt dahinter. In Wahrheit ist die Schamlose nämlich Expertin in Schamhaftigkeitsfragen und eine Meisterin auf dem Gebiet der Delikatesse, tief im Inneren sogar dezent. Sie kennt die Tabus sehr genau.

Nie würde eine dieser angeblich Schamlosen in Talk-Shows über die dort üblichen Intimitäten plaudern. Sie würde sich nicht halbnackt in zu enger oder zu kurzer »Freizeitkleidung« als eine das Auge beleidigende Hochsommertouristin entblößen. Sie mischt sich nicht unter jene Schamlosen, die nichts als erbärmliche Opfer ihres seelischen und körperlichen Offenbarungszwangs sind.

Auf Nuancen legt die intelligente und gefühlssichere Schamlose Wert. Ihre Anmerkungen und Antworten mögen ätzend sein oder schlüpfrig – undelikat sind sie nie.

Sie weiß, wann etwas nur provoziert und wann es peinlich wird und auch, wann es beginnt, den Mitmenschen weh zu tun. Sie ist souverän in Stilfragen. Nur wer Schamgefühle besonders gut kennt, kann diese virtuos ausspielen.

Meisterhaft verspielt können schamlose Frauen mit Männern umgehen: Sie wissen, daß sie von ihnen oft mißverstanden werden, und stellen dennoch nichts richtig. Und während sich die geprellten Spießbürger noch die Nässe aus den Mundwinkeln lecken, machen die Herausforderinnen sich hohnlachend davon.

Ein »Draufreinfaller« wähnt sich schon in trügerischer Einigkeit mit der Schamlosen. Dem männlichen Gegenüber gaukelt sie gern Nähe und Entgegenkommen vor, Reibungslosigkeit und bequeme Schrankenlosigkeit. Der Deal scheint perfekt. Also glaubt der Arme, es sei nicht mehr weit zur Erfüllung seiner Sehnsüchte. Er wähnte sich auf ebenem Weg ohne Hemmschwellen und Stolpersteine. Selten ging es sich so leicht. Beflügelt eilt er voran.

Die Schamlose steht mit weit geöffneten Armen da und

scheint auf ihn zu warten. Aber der Weg, den sie ihm weist, ist eine Sackgasse. An ihrem Ende prallt der Betrogene an eine Wand. Und weil er so rasant gelaufen ist, rennt er sich den Kopf ein. Oder er drückt sich zumindest die Nase platt. Die Schamlose dreht sich um und geht von dannen, unberührt und ungerührt. Ihr genügt der gebrochene Nasenrücken des Opfers.

Die Schamlose ist unverschämt. Das heißt: Sie schämt sich nie. Das unterscheidet sie von den Scheuen und Schüchternen, die sich *vor* einer Tat schämen (die bei Scheuen und Schüchternen ja doch nie stattfindet). Und das unterscheidet sie auch von den Schuldbewußten und Reuigen, die sich *nach* einer Tat schämen (die bei Schuldbewußten und Reuigen offenbar nicht ganz in Ordnung war). Die Schamlose trachtet danach, ihre Taten in Ordnung zu bringen. Wenigstens in ihre persönliche Ordnung.

Hat vielleicht vor langer Zeit jemand »Schäm dich!« zu ihr gesagt und mit dieser schlimmen Schelte dem Kind ein frühes Trauma zugefügt? Schämt sie sich noch heute, und hat sie nur einen der üblichen Fluchtwege entdeckt? Nämlich es so zu treiben, daß all die Scham wenigstens nicht vergebens geschieht?

Egal wie. Jedenfalls setzt sich die Schamlose aktiv mit der Sache auseinander. Damit nimmt sie mehr Anteil an der Scham, als es die Schamhafte tut, die sich von der Scham lenken, ja beherrschen läßt. Wie Schamhaftigkeit und Passivität zusammengehören, so auch Schamlosigkeit und aktives Tun.

Die Schamlose sonnt sich in ihrer persönlichen Handlungsfähigkeit, in Verantwortung, Selbstbewußtsein und Kontrolle. Sie hat eine recht gute, wenn auch heikle Umgangsform mit einer der heftigsten Emotionen, die uns heimsuchen können, gefunden.

Kann man Schamlose irgendwie von außen erkennen?

Leicht! Vor allem an ihrer Körpersprache. Schamlose haben zum Beispiel eine ganz eigene Art zu schmunzeln: die Lippen in der Mitte geschlossen, aber in den Winkeln geöffnet, vielleicht noch gedankenverloren an der Unterlippe nagend. Sie haben es nicht nötig, Gebiß zu zeigen und mit dieser Urgebärde zu signalisieren: Ich lächle, ich tue dir nichts, schau her, ich zeige meine Zähne ganz offen.

Alter und Müdigkeit ziehen dem zivilisierten Menschen oft die Maske herunter. Die Schamlose hat überhaupt keine aufgesetzt. Sie lächelt sich nicht besänftigend oder anbiedernd durch den Tag, sondern lacht oder schmunzelt, grinst oder grölt, wenn ihr danach ist.

Auch macht sie keinen »weichen Hals«, wie die Anthropologen sagen. Im Gegensatz zur Schamhaften, auch zur Kapriziösen oder Koketten, gebraucht sie diese typisch weibliche Gebärde fast nie. Kaum macht ein Mann ein Kompliment, kaum wollen Frauen werben oder buhlen, kaum bekommen sie Angst und sehen nur noch die Hingabe als Ausweg – da neigen sie schon den Kopf, und zwar seitlich. Mit dem »weichen Hals« bieten sie die empfindlichste Stelle dem Aggressor dar: die Halsschlagader. Nimm mich, Dracula!

Die Schamlose hat ihren Hals in der Gewalt. Sie senkt auch nicht den Blick. Zum Beispiel im Lift, wo der dressierte Mensch der erzwungenen Nähe dadurch ausweicht, daß er nach unten blickt oder auf die Etagenknöpfe.

Die Schamlose schaut, zeigt und bekennt. Da gibt es eine Schamlose in München, die gern in die gemischte Sauna geht, weil sie sich über Bewegung bei den Männern freut. Oder eine andere Schamlose in Hamburg, die ihre Rolex links am verkürzten Contergan-Armstumpf trägt und nicht am gesunden Gelenk der rechten Hand.

Schamlose stehen ganz offen zu sich selbst: zu ihren vielleicht ein bißchen spießigen Eltern oder zu ihren zahlreichen Liebhabern; zu ihrem Glauben an einem weißbärtigen

lieben Gott oder zu ihrem Geburtsdatum. Die Schamlose macht Heiratsanträge, lügt fast nie und steigt am Zielbahnhof auch aus dem Waggon der Zugklasse aus, mit der sie gefahren ist.
Was aber ist nun der eigentliche Grund für ihr Verhalten? Was will sie?
Sie will ihr Spiel spielen. Nur sie kennt die Regeln. Und sie ist immer die Gewinnerin. Aber sie braucht Mitspieler: Entrüstete, Reingefallene, Schockierte. Schamlose unter sich wären ja keine Schamlosen. Da würde alle Frechheit verpuffen. Wenn ein solcher Mitspieler in der gnadenlosen Rangordnung der Gesellschaft aber ein Omega-Typ ist, also eine Nichtperson, dann sind sowohl die Scham als auch die Schamlosigkeit wirkungslos: Vor dem schwarzen Dienstmädchen zum Beispiel, das beim Dinner aufträgt, diskutieren noch immer südafrikanische Farmer ihre Rassenfragen, ohne auch nur kurz zu unterbrechen. Der Bote im Büro braucht zum Leeren der Papierkörbe auch in der Chefetage nirgends anzuklopfen. Der Zofe in britischen Adelshäusern zeigt man sich ohne Bedenken verschlafen und ungeschminkt, wenn sie die Vorhänge aufzieht.
Schamlosigkeit kann neben Lustbefriedigung, innerem Zwang oder Spieltrieb auch Geringschätzung des Mitmenschen ausdrücken oder sogar eine Erniedrigung bezwecken. Wer überlaut redend ein Lokal betritt, scheint die bereits anwesenden Gäste zu übersehen. Oder: Wer noch mit jemandem spricht, während er den Telefonhörer abnimmt, signalisiert Wurstigkeit gegenüber dem Anrufer. Und wer sich zu allen Anlässen stets eine Nuance zu salopp kleidet, degradiert Veranstalter und Gastgeber.
So lässig die geübten Schamlosen sind, so peinlich bemüht ist die zweite Wahl. Verkrampfte Schamlose färben sich den Hintern lila, um als Punkpaviane in Münchens berühmtem Nacktparadies, dem Englischen Garten, japanische Touristen

zum Heben der Fotoapparate zu bewegen oder Münchner Rentner hinterm Busch hervorzulocken. Neu sind diese eher primitiven und trotzigen Antischamkämpfer beileibe nicht: »Wenn das Theater still ist, richtet er sich auf und rülpst, damit sich die Zuschauer nach ihm umdrehen«, beschreibt Theophrast einen »Flegel«, etwa um 300 v. Chr.

Die coole Schamlose von heute ist natürlich auch bemüht. Aber man merkt es nicht sofort. Sie spielt und mimt. Und man wird überwältigt sein von ihrer naturkindhaften Schamlosigkeit und ihrem so gesunden Selbstwertgefühl, das offenbar keine Grenzen und Schranken kennt. Man wird nicht bedenken, daß womöglich pingeligste Vorbereitung hinter dem frechen Auftritt steckt, langes Üben vor dem Spiegel und eine umsichtig zusammengestellte Ausrüstung für diese Gratwanderung über den Abgründen. Denn weit unten grüßt auf der einen Seite oft das Basislager einer guten Kinderstube, und auf der anderen wartet der Sumpf.

Und wie sieht nun Schamlosigkeit aus, wenn man sie ein wenig dreht und wendet und nach Schattenseiten und Schwachstellen fahndet?

Die Schamlose hat oft Schwierigkeiten mit der Frage der Abgrenzung, der Distanz, dem Abstand. Da liegt ihr emotionaler Schwachpunkt. Und weil sie da ins Schleudern kommt, sei eine Vermutung erlaubt: Will die Grenzgängerin vielleicht letztlich nichts anderes als Nähe? Sucht sie durch Sticheln die Berührung? Gelingt ihr Annäherung nur über Aggression?

Die Navaho-Indianer stehen beim Reden nebeneinander und schauen in die gleiche Richtung. Nur so kommt bei ihnen ein Dialog zustande. Ist der Schamlosen ein solcher Brückenschlag zum Mitmenschen auf dem sanften Weg des Gleichklangs, der Anpassung und des gemeinsamen Unterwerfens unter eine Blickrichtung vielleicht nicht möglich? Sucht sie Kontakt, indem sie in die Augen schaut und vor den Kopf

stößt? Und leidet sie darunter, daß sie verprellt, wenn sie vorprescht?
Wir erfahren ihre wahren Gefühle nicht. Denn die Schamlose legt größten Wert darauf, in all der Entrüstung, dem Neid oder dem Begehren, das sie hervorruft, niemals so etwas wie Mitleid zu spüren. Sie *gibt* sich nämlich keine Blöße. Sie *nimmt* sich eine Blöße.
Wäre es anders, würde sie sich ganz furchtbar schämen.

5. Kapitel

Sieben Gefühle – zwischen Liebe und Leid

Wie unsicher Frauen und Männer sind, wenn es um Gefühle geht, können Sie selbst in einem Versuch entdecken. Bringen Sie in einer Runde von Freunden oder Kollegen oder im Familienkreis den Begriff »Gefühle« zur Sprache.

Was wird geschehen, vor allem, wenn Männer dabei sind? Fast alle werden zu lächeln beginnen, manche werden grinsen. »Wieso? Hast du dich verliebt?« fragt garantiert jemand. »Frühlingsgefühle!« posaunt ein Allwissender siegessicher, sogar im November. »Zarte Gefühlsduselei«, spottet womöglich ein anderer.

Kommen Gefühle denn nur im Zusammenhang mit der Liebe vor? Und wären es – wenn das stimmen würde – wiederum nur zarte? Diese Trugschlüsse sind ebenso unausrottbar wie naiv. Und dennoch: Fast alle Emotionen – und es gibt ja unendlich viele in ihren Mischformen – können *auch* im Zusammenhang mit der Liebe auftreten und in uns ihr schönes oder böses Wesen treiben.

Da sind Gefühle, die das Lieben überhaupt erst möglich machen. Und da sind Gefühle, die die Liebe versüßen. Und da sind Gefühle, die die Liebe vergällen können.

Bei meinen Gesprächen mit Frauen zum Thema »Gefühl und Liebe« zeigte sich schnell, daß neben dem Glücksgefühl des akuten Verliebtseins, das alle Dimensionen sprengt, oft auch die dunkle Seite aufschien.

Liebesprofi Goethe dichtete dann auch folgerichtig und auf den Punkt gebracht über das »Buch der Liebe«: »Wenig Blätter Freuden / Ganze Hefte Leiden.«
Sieben Aussagen tauchten in den Gesprächen immer wieder auf. Es waren seltsam zwiespältige Anmerkungen. Sie betrafen Emotionen, die mit der Liebe früher oder später einhergehen können oder die in Lauerstellung immer nebenherdriften. Ihr Einfluß auf das zentrale Thema Liebe ist enorm.
Hier sind die Kernsätze:

- »Ich bin beziehungs*bedürftig*. Ich brauche einfach einen Mann an meiner Seite. Die Jagd nach einem Partner bestimmt mein ganzes Leben.«
- »Ich bringe den Mut zu wirklichem Vertrauen einfach nicht auf. Darunter leidet die Intimität. Ich kann mich nie total hingeben.«
- »Auf der Suche nach einer Liebesbeziehung habe ich keinen Erfolg. Ich fühle, daß das mit meinem letztlich verschlossenen Herzen zu tun hat; sosehr ich mich auch bemühe, mich zu öffnen. Tief drinnen bleibt etwas versperrt.«
- »Es ist die Eifersucht, die mich immer wieder fast zerreißt. Ich frage mich langsam, ob dieses vergiftende Mißtrauen mich nicht vielleicht erst in die Situationen bringt, wieder mal unter Liebeskummer leiden zu müssen.«
- »Liebeskummer – mehr brauche ich Ihnen wohl nicht zu sagen.«
- »Ich werde oft von einer vagen Sehnsucht gequält. Es ist da ein großes, ungestilltes Verlangen in mir. Ich warte unbewußt auf irgend etwas. Es ist ein schmerzlich-süßes Gefühl, aber irgendwie ungesund.«
- »Tja, die Liebe.«

Eine oder mehrere dieser Situationen, eines oder mehrere dieser Gefühle kennt jede Frau, die einmal geliebt hat, gerade liebt, lieben will oder lieben wird.

Schauen wir uns die sieben Emotionen von verschiedenen Seiten an.

Jagdfieber – Wer braucht, klammert. Wer klammert, bleibt allein

Wir finden sie immer häufiger, diese aktiven Single-Frauen, die so selbstverständlich und sicher auf ihrer Suche nach einem neuen Partner sind. Die sich nicht scheuen, allein eine Bar oder einen Billardsalon aufzusuchen; die einen Mann im Museum selbst vor einem Männerakt locker ansprechen und nach seiner Meinung fragen sowie nach seinen Vorstellungen bezüglich eines gemeinsamen anschließenden Kaffees; die – warum denn nicht? – auch mal eine Annonce aufgeben und die so gar nicht mehr dem erbärmlichen Mauerblümchen einerseits oder der verzweifelt Torschlußpanischen andererseits zu entsprechen scheinen.
Als solche galten schließlich ihre Geschlechtsgenossinnen noch vor zwanzig, dreißig Jahren, sobald sie sich auf die Suche nach einem Mann machten.
Früher wurden weibliche Singles verächtlich Sitzengelassene oder alte Jungfern genannt. Eigentlich blieb ihnen nur noch der Weg ins Kloster oder ins Damenstift – statt auf die Seychellen oder zu einem Callboy. Der Unterschied zu jenen ergreifend Alleinstehenden von damals ist ja auch, daß sie meist verlassen worden sind, während die Frau von heute – und noch dazu jene von Welt – selbstverständlich selbst verläßt!
Da gibt es Beispiele genug:
Regina, die nach fünf Jahren aus einer Lebensgemeinschaft ausbrach, weil der Mann, der einst als softer Soulsaxophonist angetreten war, sich zum Bilderbuchmacho mauserte

und zu Heavy metal überwechselte. Allerdings sagt Regina heute: »Ich kann so schlecht allein leben und brauche wieder jemanden zum Umsorgen.« Seitdem ist sie auf der Suche nach einem neuen Objekt für ihre fürsorglichen Begierden.
Oder Annette, die ihren Ehemann nach 22 gemeinsamen Jahren verließ, weil sie seine Sauferei und seine 17jährigen Anbeterinnen einfach satt hatte. Jetzt sagt sie: »Ich brauche abends und nachts einen zu Hause.« Also fahndet sie seitdem nach jemandem für die dunklen Stunden.
Oder auch Dolly. Die griff sich noch auf den Stufen des Gerichtsgebäudes, in dem ihre Scheidung stattfand, einen netten Anwalt, weil sie »auch nicht einen einzigen Abend allein zu sein« gewillt war.
Alle drei haben übrigens noch nichts wirklich Passendes gefunden. Warum, werden wir später erklären.
Die weiblichen Singles von heute sind also höchst aktiv und forsch. Sie ergreifen selbst die Initiative, sprechen an, laden ein, fordern auf und halten gegebenenfalls auch mal um die männliche Hand an. Und was soll daran nicht in Ordnung sein? *Wie* sie suchen, ist gekonnt: cool und anmutig zugleich. Nur *warum* sie suchen, ist fatal.
Viele Frauen, die, kaum sind sie allein, sofort wieder auf die Pirsch gehen, tun das beileibe nicht, um neue Freiheiten zu genießen, um die Vielfalt der gegebenen Möglichkeiten auszukosten, um hier und da zu naschen und trunken weiterzuflattern, ohne Rechenschaft ablegen zu müssen. Nein, diese Jägerinnen auf den weiten Fluren des männlichen Angebots tun es, um so schnell wie möglich wieder einen Lebensgefährten zu haben, einen Mitbewohner in ihren Räumen, einen sogenannten »Festen«, den »Bekannten«, das »Verhältnis« oder gar: »Darf ich vorstellen – mein neuer Mann!«
Heute wird bekanntlich jede dritte Ehe geschieden. Das bedeutet erst mal viel Einsamkeit fürs Herz. Derzeit sind zwölf Millionen einsame Herzen hierzulande fortwährend auf der

Suche nach einem zweiten solchen, wie die Heiratsvermittlerbranche mitteilt.
Was aber soll falsch daran sein, sich nach dem entschwundenen Alten gleich wieder einen Neuen zu suchen?
Die Antwort klingt desillusionierend: Weil so viele es aus den falschen Gründen tun, aus Gewohnheitsgefühl, aus Angst vor Einsamkeit, aus Unselbständigkeit. All diese Motivationen weisen auf einen Mangel an Reife und Selbstfindung hin. Sie machen die betreffenden Frauen zu den idealen Begleiterinnen für einen Mann von der gehabten Sorte.
Viele dieser Frauen sind vor allem dankbar, wenig selbstbewußt, immer bereit, ihre einstigen Ansprüche zu vergessen und sich zu unterwerfen.
Zugeständnisse sind ein nötiges Schmiermittel für die komplizierte Maschinerie menschlichen Zusammenlebens. Allzu großzügige aber verdicken mit der Zeit sozusagen zu öligen Klumpen. Dann allerdings läuft auch die Maschine nicht mehr. Welche Zugeständnisse viele Frauen machen, nur um nicht allein in der Welt dazustehen, ist mitunter grotesk:
– Da tauchte jüngst ein mürrischer Miesmacher an der Seite unserer einst so strahlenden Freundin Harriet auf, die aus Solidarität inzwischen viel von seinem Mißmut übernommen hat.
– Christel sichtet man neuerdings in Spielkasinos neben einer Art Schaukelburschen, der bei ihr wohnt und gern auf Zahnstochern kaut.
– Sabine trägt goldene Stiefeletten, weil das ihr Neuer, ein orientierungsloser Aufsteiger, von dem sie ein Kind möchte, für chic hält.
Die Antriebskräfte für die verbissene Suche nach einem festen Partner sind menschlich, verständlich und psychologisch leicht zu erklären. Tatsächlich macht ja alles Neue, der Bruch mit der Routine, das Ungewohnte und dadurch Unsichere jedem eine Höllenangst. Die Änderung einer gewohn-

ten Situation empfinden wir unbewußt als extrem bedrohlich.
Um den alten Trott beibehalten zu können, tun die Menschen fast alles. Den ewigen Streit ums Geld, die mürrische Visage des Partners, die tödliche Langeweile im Alltag, die fad gewordene Sexualität – das würden viele Frauen (und natürlich auch Männer) gern wieder in Kauf nehmen, nur um sich vor dem Alleinsein zu retten.

Ein zweites Urbedürfnis, das manche Frauen gleich wieder in die Arme des nächsten treibt, ist die Sehnsucht nach Liebe, die sie sich »oft nur als Geschenk eines Mannes vorstellen können«, wie die Soziologin Christine Woesler de Panafieu schreibt: »Hinter dem Verlangen nach Glück und Liebe steckt der ungestillte kindliche Wunsch nach Geborgenheit, Hilflosigkeit, Zartheit (...) und nach Zeitlosigkeit dieses Zustands.« Diese Zeitlosigkeit soll auch der nahtlose Übergang von einem Mann zum nächsten garantieren.
Noch etwas Fatales spielt sich ab: Durch einen neuen Partner wird versucht, alte Konflikte in den Griff zu kriegen. Fehler, die man in der vorigen Verbindung machte, sollen jetzt korrigiert werden. Ein verhängnisvoller Anspruch.
Nicht die neuen Partner werden eine solche Korrektur schaffen – sondern nur wir selbst. Erkenntnis braucht Abstand. Aber Begriffe wie Distanz, Ferne, Leere und Vakuum sind für die meisten angstauslösend. Also wird eine Lücke sogleich wieder geschlossen.
Damit sind wir bei dem fatalen Wort »brauchen«, das Regina, Annette, Dolly und all die anderen so oft benutzten, wenn wir sie nach den Motiven ihrer wilden Jagd fragten. Ob sie denn fündig geworden seien? Nein, das weniger. Achselzuckend bekannten sie sich zu ihrem mangelnden Jagdglück. Aber sie waren voller Zuversicht, daß sich das bessern werde.

Schließlich wagten wir eine brutale Schlußfolgerung: Wer suchet, der findet *nicht.* Wer sucht, weil er »braucht«, wird immer verbissen suchen. Er wird verkrampft stöbern und zwanghaft schnüffeln wie ein Trüffelschwein oder Drogenhund. Er wird nur noch auf eine einzige Fährte fixiert sein. Spitzensucher wie die Indianer dagegen lassen den Blick frei schweifen. Angler warten ab, alle Sinne geschärft. Goldsucher schürfen mit Geduld. Nur Ehemann-Jägerinnen machen Fehler über Fehler, weil sie unprofessionell arbeiten.
Außerdem macht sie dieses Verfahren unattraktiv und erweist sich als uneffektiv. Wer hektisch ist, wirkt immer leicht verkniffen: die Augen zu groß, die Lippen zu schmal, die Nasenflügel gebläht, der Kopf weit vorgeschoben, die Hände verschwitzt. Die verzweifelt Beziehungsbedürftige reizt wirklich niemanden. Sie hat außer dieser Bedürftigkeit nichts zu bieten. Und sie hat auf ihrer Suche meist all ihre Vorzüge fallengelassen oder verloren. Kein Wunder, die gierig Suchende braucht kein Gepäck. Ballast stört nur ihre Emsigkeit. Innerlich und äußerlich unattraktiv ist jeder Mensch, der irgend etwas zu sehr »braucht«, nach irgend etwas süchtig ist.
»Selbstverwirklichende Menschen«, schreibt der Analytiker Abraham Maslow, »haben keine ernsten Mangelerscheinungen, die sie wettmachen müßten«, aber »mangelmotivierte Menschen *müssen* andere Menschen verfügbar haben, da die meisten ihrer Hauptbedürfnisbefriedigungen nur von anderen menschlichen Wesen kommen können.«
Uneffektiv ist schließlich die Hatz unserer Treiberinnen, weil jeder Mann sehr schnell merkt, daß da offenbar alles auf dem Spiel steht, daß es um Leben und Tod geht. Objekt eines so verzehrenden Liebes- und Erfüllungsbedürfnisses zu sein, verlockt wahrlich niemanden. Und schon ist der Interessent weg.
Wer braucht, klammert. Und wer klammert, ist schnell wieder allein. Wer sich also nur wohl fühlt, wenn er als Teil

eines Paares auftreten kann, muß sich selbst ziemlich unvollständig wähnen. Offenbar ein rechtes Pfuschwerk des Schöpfers, dem wohl mittendrin die Geduld gerissen ist.
Sollen wir also gar nichts suchen, wenn wir mal solo sind? Doch! Die Liebe an sich, die Freundschaft, den Austausch, die Offenheit, die Neugier. Auf Gefühle, die uns dorthin treiben, sollen wir höchst aufmerksam und genußvoll hören.
Wer signalisiert, daß er angetan ist, aber nicht am Verdursten, der wird schon rein äußerlich reizvoll. Verhaltensforscher haben herausgefunden, daß sich bei wohlwollendem Interesse und freischwebender Aufmerksamkeit unsere Pupillen weiten. Das Auge wird tiefer und schöner. Wer dagegen zu stark fixiert, dessen Pupillen verengen sich wieder. Der kalte Raubvogelblick, der dann auftritt, schreckt ab.
Mit Raubtieren werden unsere versessenen Späherinnen öfter verglichen: »Eine Frau, die einen Ehemann sucht, ist das gewissenloseste aller Raubtiere«, läßt George Bernard Shaw seinen Don Juan in »Mensch und Übermensch« sagen.

»Haarscharf daneben – trifft«, behauptete einmal ein Therapeut. Auch der Zen-Bogenschütze trifft in dem Augenblick, in dem er vergißt, das Ziel krampfhaft ins Auge zu fassen. Eine scheinbar widersprüchliche Art von eifriger Passivität und aktiver Gelassenheit führt auch in den Angelegenheiten des Herzens eher zum Ziel. Es ist die Haltung, die der emotional intelligente Mensch allen seinen Gefühlen gegenüber einnimmt.
Ein liebendes Paar zu sein – welch verführerisches Fernziel, das immer von neuem anzustreben sich lohnt. Nur nicht um jeden Preis. Die Paarbeziehung als Ersatz, zum Vermeiden oder Auffüllen, in einer Lückenbüßerfunktion oder als Hilfsmittel zum Erhöhen eines niedrigen Selbstwertgefühls?
Dazu ist diese oft so wunderbare Verbindung zwischen Mann und Frau nun doch zu schade.

Nähe – wo Intimität gefährlich wird

Frauen klammern, Männer flüchten. Dieses für alle Beteiligten eher beschämende Bild der Annäherung der Geschlechter wurde jahrelang verbreitet: in Männerrunden, an Stammtischen, ja selbst in Frauengruppen.
Stimmt das eigentlich so? Wer genauer hinschaut, kommt heute manchmal ins Zweifeln.
Die Lust zur Abgrenzung hat inzwischen alle erfaßt. Man trägt »Angst vor Nähe« wie eine Auszeichnung, zumindest wie ein modisches Outfit. Und man beklagt zugleich den Mangel an Intimität.
Wieder einmal sind es vor allem die Frauen, die sich zerrissen fühlen zwischen Wunsch und Wirklichkeit, Sehnsucht und vermeintlicher Vernunft: Nicht klammern! Finger weg von allem, was nach Symbiose aussieht! Nicht zu viele Ansprüche nach mehr Nähe, mehr Zeit, mehr Vertrauen! Und ja keine blauäugigen Illusionen!
Wie ist das nun mit dem kaum erfüllbaren Wunsch des Menschen nach Intimität, dieser fast unstillbaren Sehnsucht nach größtmöglicher Nähe zu einem geliebten Menschen – und der immer auch vorhandenen Angst davor?
Da wirft man sich zum Beispiel, spontan und lustvoll, in ein Abenteuer und verspricht sich davon, vielleicht aus Einsamkeit oder Traurigkeit heraus, menschliche Nähe, wie sie körperlich näher nicht sein kann. Und dann vermag man in dem Menschen, mit dem man sich da vereinigt, nichts als einen Bettgenossen zu erkennen. Mag es für die Hormone oder den Kreislauf gut gewesen sein – für die Seele blieb es merkwürdig schal.
Was war geschehen? Dem sogenannten Intimkontakt fehlte schlicht die Intimität. Oder mit einem anderen, ungewohnten und altmodisch klingenden Wort: die Innigkeit. Innigkeit aber ist eine besondere Qualität, die uns den Atem vor Lust

nehmen kann. Daß wir sie grundsätzlich im Bett erwarten, ist ein Trugschluß.

Eine 44jährige Hoteldirektorin schildert »einen der intimsten Momente«: »Es war während eines Urlaubs am Genfer See, den ich mit dem Mann verbrachte, mit dem ich immerhin schon fünfzehn Jahre lang verheiratet war. Wir waren lange Zeit schweigend durch die Weinberge gegangen. Dann begannen wir zur selben Zeit, das gleiche Lied zu summen. Wir lächelten uns an. Ein Schmunzeln, das durchschaute. Ein Gefühl wohliger Geborgenheit, ein Wissen um Vertrautheit und ein Schuß Kumpanei. Nichts weiter. Aber einer der intimsten Augenblicke seit langem.«

Solche Momente kennen wir, wir haben sie erlebt und erhoffen sie uns immer wieder. Wenn es keiner Worte bedarf, um zu wissen, was der andere spürt. Wenn man einen nahen Menschen irgendwo im Haus hämmern hört. Wenn eine Mutter ihr Kind anlächelt. Und es lächelt zurück. Die Art, wie zwei Menschen die Köpfe aneinanderlegen. Der Gleichklang in Bewegung und Haltung zwischen alten Freunden. Und, und, und.

Innigkeit entsteht nur, wenn Vertrautheit da ist. Die Begriffe »traut« und »innig«, ziemlich weit entfernt von Zeitgeist und Postmoderne, von Hedonismus und Fun-Gesellschaft, beinhalten jedoch eines der Grundbedürfnisse eines Menschen: das nach Zugehörigkeit und damit Geborgenheit. Eine solche Geborgenheit, sei sie sozial, geistig oder seelisch, vermittelt dem Menschen eine Art Heimat. Sie muß nicht auf den Geliebten beschränkt sein.

Intimität kann auch in Landschaften gefunden werden, in einem Glauben, in Überzeugungen, in sogenannten *peak experiences.* Das sind jene überwältigenden Glücksmomente, die oft mit einer Art Erleuchtung gepaart sind und von psychisch starken Menschen erlebt werden können.

Intimität ist also eng verbunden mit Vertrautheit. Vertraut-

heit kann wiederum nur entstehen, wenn es Vertrauen gibt. Zu Vertrauen, nahe verwandt der Hingabe, gehört aber Mut. Heldenhafter Mut sogar.
Der Philosoph Otto Friedrich Bollnow, der sich klug mit dem Wesen und dem Wandel von Tugenden auseinandergesetzt hat, schreibt über solche tollkühnen Menschen: »Sie können die argwöhnische Aufmerksamkeit, die sie sonst in der Welt zu wahren pflegen, hier aufgeben und sich unbefangen, deckungslos und ohne Vorsicht geben, wie sie sind.«
Wir aber haben meistens erst einmal Angst: vor Verletzung, Bevormundung, Kritik. Wir fürchten, vereinnahmt zu werden und etwas abgeben zu müssen von dem, was uns in den Jahren des Alleinseins fast heilig geworden ist: Eigenständigkeit und Selbstverwirklichung. Was sich dabei heimlich davongemacht hat, war die Intimität, die Würze jeder Liebe.
Warum nicht mal ein Experiment starten? Werfen wir uns doch einmal hinein in die Furchtlosigkeit, Schutzlosigkeit und Erkanntwerden – und in die Zuversicht, daß uns niemand daraus einen Strick drehen wird. Dazu gehören natürlich Selbstvertrauen und das Gefühl der Sicherheit, auch in Momenten der Schwäche und des Versagens, trotz dunkler Seiten und böser Ecken, nicht abgelehnt zu werden.

Die amerikanische Psychologin Rosalie Reichman nennt als Intimitätskiller Nummer eins: »Das Gefühl, austauschbar zu sein.« Mehr Mut, mehr Selbstsicherheit, ein bißchen lustvolle Frechheit, ja ein Hauch Schamlosigkeit gehören zur Intimität.
Eine der köstlichsten Formen der Intimitäten kann man übrigens mit sich selbst entwickeln. Vertrautheit und Nähe mit dem Ich, dem Selbst, dem ureigensten Wesen kennzeichnen den psychisch gesunden Menschen. Das Erkennen von Fehlern, der vertraute Umgang mit Eigenheiten, die klare Sicht auf die eigene Persönlichkeit, die kameradschaftliche Aussöh-

nung mit den eigenen Emotionen sind die Basis, auf der jegliche Art von Intimität erst entstehen kann. Nur so kann Freundschaft mit sich selbst wachsen.

Aber die Begabung zur Intimität ist schwankend und die Chance, sie zu erleben, immer gefährdet. Das beginnt schon auf dem Weg zu ihr hin, im Vorfeld von Nähe.

Leicht fällt man da auf zwei gängige Gebräuche herein, die eine gewisse Art von Intimität manchmal tatsächlich bedeuten mögen, aber auch vortäuschen können: die *Annäherung* (zum Beispiel bei der Anrede) und den *Austausch.*

Eine Anrede, die vom guten Sie zum angeblich besseren Du übergeht, besagt nichts. Es ist meist nichts weiter als ein Brauch: bei Parteigenossen, Segelfreunden, Mitgliedern einer Wohngemeinschaft, Clubkameraden, Kriegsveteranen und Theaterleuten. Kumpanei ist angesagt, weil gleiche Ziele gegeben sind oder gegeben waren. Und das soll Nähe ausmachen?

Eine 80jährige Dame ist seit einem halben Jahrhundert mit einem gleichaltrigen Mann befreundet. Man hat sich immer alles sagen können, man hat sich allwöchentlich gesehen, man hat gemeinsam gelacht und geweint, wahrscheinlich auch miteinander geschlafen. Aber noch heute sprechen sich die alten Leute ausschließlich mit »Sie« an. Ihre gegenseitige Nähe könnte kaum inniger sein.

Gegenseitigkeit aber muß nicht sein. Und damit sind wir bei der zweiten, trügerischen Intimitätsform: dem Austausch. Wenn das Tauschprinzip zum Zwang wird, macht sich wirkliche Intimität meist auf leisen Sohlen davon. Die verbalen Offenbarungen haben einen häßlichen Beigeschmack von Selbstbefriedigung und Neugier.

»Wenn ich dir sage, mit wem ich dich betrogen habe, sagst du es mir auch?« Oder: »Jetzt, wo ich dir diese Schwächen gestanden habe, kannst du mir ruhig auch alles Negative über dich anvertrauen.« Oder: »Bring dich endlich mal ganz ein, ich habe mich ja auch total geöffnet.«

Hier nähern wir uns rapide der Gefahr, die immer mit Intimität verbunden ist: Distanzlosigkeit. Messerscharf ist der Grat, auf dem da innig-lustvoll gewandelt wird. Der Absturz droht jederzeit. Und man kann nicht aufmerksam genug sein. Denn Aufdringlichkeit und Zwang zur Nähe können der Belästigung, ja sogar einer Art Vergewaltigung gleichkommen.

Noch einmal ein Zitat von Otto Friedrich Bollnow: »Schlechte Offenheit, das ist die Geschwätzigkeit, die das Herz auf der Zunge führt, und die plumpe Vertraulichkeit, die die Ehrfurcht des Abstands nicht kennt.«

Wo vor lauter Lust an der Intimität die Grenzen des jedem Menschen eigenen Territoriums eingerannt werden, wo die nötige Distanz verlorengeht, da beginnt der Bedrängte zu leiden. Es kommt zu Rückzug oder Aggression, Flucht oder Gewalt. Denn so wie die Sehnsucht nach Verbrüderung und Zugehörigkeit vorhanden ist, so auch das Bedürfnis nach Abgrenzung und der Unverletzbarkeit des eigenen Reviers, der eigenen Intimsphäre.

Als amerikanische Reporter in den Mülltonnen des Ehepaares Kissinger in Washington auf der Suche nach heißen Stories wühlten, da waren sie zutiefst in die Privatsphäre anderer Menschen eingedrungen. Zu dieser Sphäre gehören auch Tagebücher, Bankauszüge, Wäscheschränke und Handtaschen. Wer die Grenzen solcher persönlicher Territorien verletzt, handelt aggressiver, als er es durch eine körperliche Attacke vermag. Richtmikrofone, Minispione oder Teleobjektive sind die Werkzeuge der skrupellosen Eindringlinge in fremde Gefilde. Sie können schmerzhafter wirken als ein Schlagstock.

Auch im täglichen Leben sind wir auf Distanz bedacht: Wenn jemand, der uns körperlich unangenehm ist, in einer

Warteschlange zu nah aufrückt, sträuben sich uns die Haare. Als physische Invasion sehen wir auch an, wenn ein Auto von hinten nah auffährt oder wenn sich Fremde einfach mit an unseren Tisch im Restaurant setzen.
Einmal kann es uns also nicht nah genug sein, ein andermal aber rücken uns Menschen zu sehr auf den Pelz. Seltsam ungereimt sind da unsere Sehnsüchte, Bedürfnisse und Gefühle. Für beide Ansprüche haben wir im Laufe der Entwicklungsgeschichte eine Art Körpersprache entwickelt und senden die entsprechenden Signale in Mimik und Gestik aus. Hoffentlich treffen wir auch immer auf Menschen, die die Zeichen unserer Emotionen richtig zu deuten wissen.
Um einen Mitmenschen näher heranzulocken, wenn wieder einmal Intimität gewünscht ist, halten wir die Hände nach oben geöffnet, lächeln, neigen den Kopf, öffnen die Lippen, entspannen die Muskeln und weiten die Pupillen. Um andere abzuwehren, verschränken wir die Arme vor der Brust, setzen Sonnenbrillen auf, spreizen die Ellbogen ab, lehnen uns zurück, schlagen die Beine übereinander (eine Kniespitze möglichst gegen den Aufdringling gerichtet), strecken im Gespräch gestenreich die Arme vom Körper mit erhobenen Händen weg.
Wie aber erkennt man den Menschen, mit dem sich Intimität ohne Zudringlichkeit leben läßt? Mit wem können wir uns gelassen und heiter, spontan und furchtlos in jener Nähe treffen, die Grenzen aufzuheben vermag?
Eigentlich mit jedem, bei dem wir Lust auf Intimität haben. Es geht nämlich in Wahrheit überhaupt nicht um einen geeigneten oder ungeeigneten Partner. Im Grunde geht es um uns selbst. Ein emotional intelligenter Mensch lernt und übt täglich, für den Menschen, an dem ihm liegt, durchsichtiger zu sein.
Herz, Hirn und Seele mit allen Gefühlen kristallklar werden zu lassen ist natürlich gefährlich. Verletzungen sind möglich.

Deshalb braucht man Mut, ein feines Gespür für den anderen und ein noch feineres Gefühl für sich selbst.
Vielleicht, eines Tages oder eines Nachts, meistens dann, wenn niemand damit rechnet, entsteht plötzlich ein Gefühl, das einem so vorkommt wie: Zuhausesein. Endlich angekommen, nicht nur bei dem anderen, sondern auch bei sich selbst. Das Gefühl nennt sich: Intimität.

Zeitgefühl – abwarten, wenn das Herz vorübergehend geschlossen ist

»Brauche ich nicht, danke«, tönt die schöne, rothaarige Freundin, lehnt sich an die Theke unserer Stammkneipe, bestellt noch ein Pils. Sie straft den netten Mann, der sich zu uns gesellt hat und der einen Flirt mit ihr beginnen will, indem sie ihm abrupt den Rücken zudreht.
»Hör mir doch auf mit Männern, ich habe für lange Zeit die Nase voll«, sagt lauthals eine andere im Umkleideraum des Tennisclubs. »Ich nicht«, antwortet ihre Partnerin, »aber ich glaube, es gibt einfach keine guten Männer mehr.«
Zu dumm, daß sich alle drei ein paar Monate später verliebt haben und widerrufen müssen, was sie vorher mit zunehmender Resignation behauptet haben: Schluß, Schnauze voll, die Gefühlsduselei abhaken, alle Mühe ist sowieso vergebens!
Daß ihnen ihre Gefühle fatale Streiche spielten, wollten sie nicht bemerkt haben. Die emotionale Bereitschaft zur Liebe hat nämlich ihre Tücken. An einem ganz normalen Mittwoch ist es mir erstmals aufgefallen …
Es wimmelte nur so von ihnen. Handelte es sich um eine Szene der Reihe »Versteckte Kamera«? Sollten wir genarrt

werden? Oder waren sie alle auf dem Weg zu einem Wettbewerb der reizvollsten Männer?
Jedenfalls eine verwirrende Situation: Da willst du eigentlich nur einkaufen gehen und kommst statt dessen aus dem Staunen nicht mehr heraus. Alle paar Meter begegnet dir nämlich ein wirklich guter Typ beziehungsweise das, was du – und nur du allein – unter einem wirklich guten Typen verstehst. Das allerdings müßte eigentlich zu denken geben. Aber wohl erst nach der dritten Begegnung der atemberaubenden Art beginnst du zu ahnen: Diese Männer sind immer unterwegs. Du hast sie nur nicht bemerkt.
Also liegt es nicht daran, daß sie aus ihren Verstecken kommen, daß man sie freigelassen hat oder daß sie aus dem Ausland zurück sind – sondern es liegt ganz einfach an uns selbst. Wenn es sie also immer gab, wenn wir sie nur nicht wahrgenommen haben – was um Himmels willen hatte uns so mit Blindheit geschlagen?
Der falsche Moment. Nichts weiter. Die Zeit war offenbar nicht reif. Und wir auch nicht.
Aber, werden jene Liebeshungrigen einwerfen, denen jetzt auch noch Unreife vorgehalten wird: Ich war doch gebeutelt von Sehnsucht, wild auf Zärtlichkeit, leidenschaftlich auf der Suche.
Wirklich? Liegt es nicht vielmehr an einem emotionalen Widerstand in uns selbst, den wir nicht bemerken, der sich aber auf subtile Weise der Umwelt mitteilt, vor allem über die große Verräterin aller Gefühle, die Körpersprache?
Dieser Widerstand hat, wie alle Emotionen, seinen guten Grund. Die Verschlossenheit ist eine Art von Unbereitschaft. Wir sind nicht gestimmt. Wir sind nicht wirklich geneigt. Es fehlt jene Kraft, die zum Lieben und Geliebtwerden notwendig ist: die Bereitschaft, sich zu öffnen. Wir aber vermögen gegenwärtig unsere Seele nicht zu entriegeln und unser Herz nicht sperrangelweit aufzureißen.

Wo knirschen die Scharniere? Was klemmt?
Es kann das alte Verhaltensmuster der Suche nach dem Falschen sein. Jenes irrationale Herumstochern im klebrigen Brei unrealistischer Kinderträume oder überzogener Ansprüche. Es kann die Fixierung auf eine Arbeit sein, die uns, mehr als wir glauben, fesselt. Es kann die andere Verpflichtung sein, die da wartet: von der Sorge um ein Kind bis zu jener um alte Eltern; von der Verantwortung für ein Amt bis zum Gebundensein an ein religiöses Versprechen. Es kann die tief in uns brütende Ahnung sein, zu den Ausnahmen zu gehören, die sich nun mal nicht gut für Partnerschaften eignen. Oder die das Alleinsein als »Quelle des Glücks und der Gemütsruhe« empfinden, wie Schopenhauer meinte.
Sind wir nicht auch gern allein, wenn wir uns in einem Umbruch befinden, in geistigen Krisen, in Zeiten des Aufbaus oder einer Analyse? Haben wir nicht ein Bedürfnis nach Privatheit bei Trauer oder in Phasen von neuen Erkenntnissen? Vielleicht hindert den nach Liebe lechzenden Menschen aber auch etwas ganz anderes am Lieben, also am emotionalen Sichöffnen: eine unbewußte Lebenslüge etwa. Vielleicht eine Schwäche, derer man sich schämt. Oder eine übertrieben gefühlvolle Art, die nur vom Gegenteil ablenken soll und vor deren Entdeckung durch einen intimen Partner man sich fürchtet.
Emotionen, oft vermischter Art, nicht erkannte Gefühle, die sich tief im Unbewußten festgefressen haben, können das Lieben und das Geliebtwerden verhindern.
Das Alleinbleiben hat also seine Gründe. Sie lauten öfter, als wir wahrhaben wollen: Wir möchten es zur Zeit offenbar nicht anders. Der Mensch sammelt sich, hält still, wartet ab. Ein kluges Zusammenspiel von Seele, Herz, Hirn, Hormonen und restlichem Körper beginnt.
Wir können noch so aufreizend durch die Straßen gehen, unsere Anziehungskraft wirkt nicht. Wir mögen noch so of-

fenherzig gekleidet die Party aufsuchen, unsere Seele bleibt zugeknöpft. Unser eigentliches Ich signalisiert dem emotional sensiblen Gegenüber: Bleib mir vom Leib. Oder besser noch: vom Herzen.
Denn dieses Herz befindet sich in einem Ruhezustand. Wir ziehen uns unbewußt zurück, um Kraft, Lust und Fähigkeit für eine neue Liebe, für neues Lieben zu günstigeren Zeiten zu sammeln. Ein solches enthaltsames Leben bietet für den Moment Freiheit, Erholung und Seelenfrieden. Es kann Energie, Konzentration und damit Friedfertigkeit steigern. Das ist keine schmerzliche Isolierung, sondern Auftanken.
Ich kenne Spitzenfrauen aus dem geistigen Leben oder der Industrie, die allein sind und das auch genießen. Vielleicht haben sie einmal gesucht und gelitten. Aber als sie erkannten, daß sie ihre Tatkraft woanders brauchen, wurden aus ihnen ausgeglichene und zufriedene Frauen.
So manche von ihnen hat später, als die große Beanspruchung durch ihre Aufgaben nachließ, plötzlich einen alten Freund geheiratet, eine neue, unkonventionelle Liebe gefunden oder einen Kreis von Verehrern um sich versammelt.

Das Gefühl für den richtigen Zeitpunkt gehört zu den überzeugendsten Beweisen emotionaler Intelligenz. Zur unrechten Zeit etwas getan zu haben, hat tatsächlich schon viel Unheil gebracht. Zu spät oder zu früh gehandelt, gelingt nichts: vom Herausnehmen der Dampfnudeln aus dem Backrohr bis zum Einsatz im Spielkasino, vom Handheben bei der Kunstauktion bis zum Frühstart in der Regatta.
Der Gefühlsmeister wird zum Lebensprofi, wenn er spürt, wann der richtige Augenblick zum Handeln gekommen ist. Er läßt sich tragen von seinem inneren Zeitgefühl und erzwingt nichts. Er kann Pausen einlegen und Stille aushalten. Bis dann, eines Tages, die Zeit reif ist wie die Avocado, die noch am Vortag nicht geschmeckt hat.

Wahrscheinlich ist das der Morgen, an dem wir plötzlich spüren, daß andere Bedürfnisse erfüllt sind und andere Gefühle ausgereizt: vom Ehrgeiz über den Hochmut bis zur Aufopferung. Wir können sie abhaken. Wir wehren uns nicht mehr. Weder gegen die Hingabe noch gegen die Einsamkeit. Wir öffnen uns mit allen Gefühlen den Gegebenheiten des Lebens. Die Wende ist eingetreten, die Zeit der Liebesfähigkeit hat eingesetzt. Lieben ist nun nicht mehr Mythos oder Bürde, sondern nur noch ein Geschenk, das wir uns selbst machen, uns leisten, uns erlauben, wunderschön verpackt im leuchtenden Seidenpapier schierer Lebenslust.

Wir wachen an einem solchen Morgen auf mit dem entspannten Gefühl, nicht mehr auf der Suche sein zu müssen. Darum sind wir risikobereit wie lange nicht mehr. Wir nehmen den Einkaufskorb, schlagen die alten Wege ein und scheinen dennoch – siehe unsere Episode am Anfang – die Trampelpfade der Traummänner dieser Welt zu kreuzen. Alle paar Meter.

Unsere Lust verrät sich lächelnd, weil sie freiwillig kommt. Die Gunst des Augenblicks ist da. Unsere Bereitschaft ist nicht mehr schuldhaft. Sie ist weder Schwäche noch beschämendes Bedürfnis. Sie hat an Offensichtlichkeit eingebüßt, aber an Intensität gewonnen.

Und jeder wird es merken.

Eifersucht – Durst auf ein emotionales Giftgebräu

Eine Frau wühlt in der Mülltonne. Die Tonne steht vor dem Haus ihres Geliebten. Sie sucht nach Beweisen seiner Untreue. Das Gefühl, das sie zu diesem entwürdigenden und unhygienischen Treiben veranlaßt, ist übermächtig. Sie kann einfach nicht anders. Die Frau heißt Erica Jong und ist die weltbekannte Autorin des Romans »Angst vorm Fliegen«. Sie schämt sich, als sie davon berichtet.

Eine andere Frau durchsucht den Korb mit der schmutzigen Wäsche ihres Freundes nach einem Hinweis auf eine Nebenbuhlerin. Die Frau heißt Nancy Friday und ist eine international berühmte Psychologin. Als ihr bewußt wird, was sie da tut, setzt sie sich hin und schreibt einen Bestseller über die Eifersucht.

Tausende anderer Frauen (und Männer) greifen wie unter Zwang in fremde Jackentaschen, Schubladen und Handschuhfächer, blättern in Notizbüchern, durchwühlen Badschränke unter dem Vorwand, sich die Nase pudern zu wollen, belauschen Telefonate und überfliegen Briefe, die nicht an sie gerichtet sind.

Ich selbst habe einmal Geschicklichkeit darin entwickelt, blitzschnell den Inhalt der Spülmaschine eines Liebhabers auf Lippenstiftspuren und verdächtige Anzahlen von Bestecken hin zu untersuchen. Ich konnte außerdem Parfüm auf Kopfkissen erschnüffeln, Briefkuverts über Dampf spurenlos öffnen, und ich entwickelte Meisterschaft darin, Haare fremder Pelzmäntel auf Beifahrersitzen zu entdecken.

Warum sich erwachsene Menschen so töricht aufführen? Es sind Süchtige. Eifersüchtige.

Im Gegensatz zu manchen anderen Gefühlen, die zu Leidenschaften anwachsen, zur Sucht eskalieren und einen fatalen Hochgenuß bereiten können, während man ihnen frönt, ist das Ausgeliefertsein an die Eifersucht allein schon das halbe Sterben. Und nicht erst der Entzug wie bei den anderen Süchten.

Eifersucht ist schleichendes Gift und explosive Mischung zugleich. Zusammengebraut aus meist quälenden Emotionen:

Rache, Minderwertigkeitsgefühlen, Eitelkeit, Verlustangst, sehr viel Neid und nicht ganz soviel Liebe.
Kaum jemand ist immun dagegen. Kinder sind eifersüchtig auf jüngere Geschwister. Mütter auf Schwiegertöchter, Hunde beginnen Raufereien, wenn ihr Herr einen anderen Hund streichelt, und Verkäufer bekommen Magengeschwüre, wenn Kunden nach einem Kollegen verlangen.
Erstaunlicherweise setzt das Leiden jedoch nicht ein, wenn der Bessere siegt. Kein Skispringer ist auf den Goldmedaillengewinner eifersüchtig, keine Schauspielerin auf die Oscar-Preisträgerin. Neidisch natürlich schon, aber nicht eifersüchtig! Eifersucht erntet also nicht, wer gewinnt, sondern wer begünstigt wird, wo man – meist aus Liebe – gern selbst der bevorzugte Mensch wäre.
Daß bei der Eifersucht also zum Neid auch noch die genannten Zutaten von der Angst bis zur Ich-Schwäche hinzukommen, das macht sie zu einer so quälenden Angelegenheit. Wir leiden fast alle darunter. Wer das abstreitet, der kennt auch die Leidenschaft nicht – was zwar schmerzlos, aber langweilig ist. Es scheint also an der Zeit, sich endlich von Fluch und Plage der Eifersucht zu befreien.
Das geht am besten, wenn wir uns mit ihr zusammentun. Allen Gefühlen können Stachel, Macht und böser Einfluß genommen werden, wenn wir uns mit ihnen verbünden und sie behutsam, liebevoll, aber nicht ohne Raffinesse auf unsere Seite herüberziehen.
Dazu Nancy Friday in ihrem Buch »Eifersucht«: »Das Ziel ist nicht, die Eifersucht zu beseitigen, sondern sie zu verstehen!«
Dazu müssen wir erst einmal nachforschen, woher das Leiden kommt, wie es entsteht und wen es deshalb eher heimsuchen kann als andere. Es gibt verschiedene Theorien unter den Psychologen. Alle klingen einleuchtend. Und wie so oft wird wohl vieles zum Entstehen dieser Mischung aus quälenden Emotionen und unkontrolliertem Verhalten beitragen.

Schon im Uterus und als Säugling empfinden wir die Mutter als unsere Welt. Die Bindung an sie ist unsere Überlebenschance, unsere einzige, wie wir glauben. Jetzt schon wird uns eine Riesenangst vor deren Verlust eingepflanzt.
In der Dreieckskonstellation Vater/Mutter/Kind lernen wir dann das bittere Gefühl von Eifersucht kennen und vergessen es nie mehr. Statt als »Dritter im Bunde« fühlen sich Erstgeborene und Einzelkinder oft eher als »fünftes Rad am Wagen«. An den Geschwistern wird das beißende Empfinden von Eifersucht weiter geübt und vertieft.
Später lernen wir, was Besitz ist, wie man um ihn kämpft und wie weh es tut, wenn einem etwas weggenommen wird. Wir wissen jetzt, wie Zurückweisung schmerzt und wie Liebesentzug verwundet.
Der Schriftsteller Max Frisch schreibt in seinen Tagebüchern: »Die Eifersucht wird beispielhaft für die allgemeine Angst vor dem Minderwert, die Angst vor dem Vergleich.«

In welchem frühen Stadium sie uns auch immer zum erstenmal treffen mag, so unterschiedlich auch immer unsere Begegnung mit ihr ist, so verschieden sind auch die Typen von Eifersüchtigen.
Da gibt es Menschen, die auf den Partner böse sind, und Menschen, die den Eindringling verfluchen. Es gibt Leute, die erst eifersüchtig sind, wenn sie Gewißheit haben, daß ihnen jemand den Rang abgelaufen hat. Und andere, die grundsätzlich eifersüchtig sind, egal, mit welchem Partner sie zusammen sind, und egal, wie stark oder schwach ihre Liebe ist.
Und dann gibt es noch eine ganz besonders teuflische Abart von Eifersucht. Sigmund Freud beschreibt sie 1922 als »die projizierte Eifersucht«.
Sie entsteht aus der eigenen Untreue oder zumindest dem geheimen Wunsch danach. Unbewußt verhält sich eifersüchtig, wer »einen Freispruch von seinem Gewissen« (Freud)

sucht. Dann lassen sich Handlungen und Phantasien ganz einfach auf den Partner verlagern, damit das eigene Herz leichter wird.

Was die Eifersucht so qualvoll macht, ist die Sucht nach Eifersucht. Genauer gesagt: Aus der schwelenden Angst vor dem Liebesverlust wird für den Eifersüchtigen oft eine Art Gewißheit – ob sie nun berechtigt ist oder nicht.
Warum sonst werden aus ruhigen, überlegten und klugen Leuten fiebernde Spürhunde, auf der fatalen Suche nach etwas, das ihnen erst so richtig schön weh tun könnte? Mißtrauen und Argwohn sind die Einpeitscher der Eifersucht, fleißige Trainer ihres verhätschelten Stars.
Wenn die Eifersucht übermächtig wird und explodiert, gibt es heftige Reaktionen, die bis zum Mord führen können. Mörderische Racheakte in Partnerschaften richten sich öfter gegen die verloren geglaubten geliebten Menschen als gegen die Konkurrenten: Lieber kaputtmachen, als sie jemand anderem überlassen! Nicht nur Wohnungseinrichtungen wurden auf diese Weise zerschlagen, sondern auch Beziehungen. Die Liebe wird vernichtet, manchmal sogar das Leben.
Die Psychoanalytikerin Hildegard Baumgart, Autorin des Buches »Eifersucht, Erfahrungen und Lösungsversuche im Beziehungsdreieck«, sieht die verschiedenen Arten von Eifersuchtsmördern so: »Eifersüchtige, die ihren Partner umbringen oder ihre Aggressionen gegen ihn richten, haben wahrscheinlich mehr symbiotische Wünsche. Wenn sie den Partner umbringen oder ihn auf andere Weise zerstören wollen, bringen sie auch sich selbst um. Sie empfinden sich unbewußt als mit dem Partner verschmolzen – ähnlich wie mit der Mutter in den ersten Lebensjahren. Wer den Rivalen umbringt, der hat dann sozusagen schon ein erwachseneres Stadium erreicht.«
Ohrfeigen oder Totschlag, Flucht oder Tränen, Zank oder

Magengeschwüre – die Eifersucht entlädt sich auch bei den Geschlechtern unterschiedlich: Männer werden aggressiver – aber auch schneller damit fertig.

Nancy Friday: »Wenn ein Mann wirklich eifersüchtig ist, kann er etwas dagegen tun. Er schlägt seinen Rivalen nieder, er läuft weg, und schnell – sicher schneller als ich – findet er andere Arme, in die er sich flüchten kann.«

Frauen leiden eher still vor sich hin. In einer Umfrage stellte die Psychologieprofessorin Dorothy Tennov fest: 60 Prozent der Frauen, aber nur 48 Prozent der Männer fühlen sich bei Liebeskummer aus Eifersucht »emotional niedergeschlagen und deprimiert«.

Dennoch haben auch Frauen ihre eigenen Möglichkeiten, Wut und Trauer der Eifersucht herauszulassen. Die Sozialwissenschaftlerinnen Cheryl Benard und Edit Schlaffer schreiben in der Zeitschrift »Psychologie heute« (12/85) über »bedrohte« Nebenbuhlerinnen: »Zerschlagene Fensterscheiben, halbstündige Drohanrufe und Denunzierungen bei ihren Chefs und Nachbarn sind nicht selten; es spielen sich auch in Treppenhäusern wüste Szenen zwischen Frau und Freundin oder Geliebter ab.«

Und was bringt das alles? Sicher nicht den Geliebten zurück! Eifersucht eignet sich paradoxerweise vielmehr dazu, den Partner endgültig in die Flucht zu schlagen.

»Jahrelang belämmerte mich meine Frau mit Eifersucht – obwohl ich ihr treu war. Als ich endlich mit einer anderen ins Bett ging, tat ich es aus Trotz. Denn wenn ich schon für eine Tat beschimpft werde, dann möchte ich sie auch begangen haben«, berichtet ein 32jähriger Computertechniker.

Wo Eifersucht klammern will, stößt sie ab. Der Teufelskreis schließt sich.

Was also sollen wir nun mit unserer allgegenwärtigen, immer auf Abruf bereiten, offenen oder schlummernden Eifer-

sucht tun? Wie sollen wir mit ihr leben, ohne allzuviel unter ihr zu leiden?
Hildegard Baumgart rät: »Der Eifersüchtige muß neue Erfahrungen machen (...) und lernen, daß ein Dreieck nicht unbedingt gefährlich sein muß.«
Wenn wir den Neid und die Mißgunst von der schieren Eifersucht trennen könnten, dann verlöre sie vieles von ihrer Grausamkeit, ihrer Häßlichkeit und Dummheit. Mehr noch: Gereinigt von den boshaften Zutaten, erschiene die Eifersucht in einem ganz neuen Licht.
Plötzlich könnte man erkennen, daß sie gar nicht so übel ist. Sie leistet uns nämlich ganz gute Dienste: als Zeichen dafür, wie sehr wir – aus welchen Gründen auch immer – an einem Menschen hängen. Und als Alarmsignal. Denn taugt sie auch kaum als Anzeiger für echte Gefahr, so doch wenigstens als solcher für eine Störung. Sie ist verläßlich wie eine Alarmglocke. Und am verläßlichsten weist sie uns darauf hin, daß uns ein Mensch, sosehr wir ihn auch lieben mögen, niemals gehören kann.

Liebeskummer – wie man ein gebrochenes Herz heilen kann

Gewissensbisse beißen, Neid nagt, Wut brennt, Eifersucht sticht. Alles sehr schmerzhaft. So weit, so schlecht. Und was tut Liebeskummer? Er bricht einem das Herz. Das ist der Unterschied. Liebesleid verdient Mitleid, weil es zu den schlimmsten Qualen gehört. Wer Liebeskummer hat, wünscht sich oft nur noch den Tod. Manchmal nicht mal mehr den.
»Ich war zu verzweifelt, um die Kraft aufzubringen, aus dem

Fenster zu springen«, erzählt eine Frau, die von ihrem Freund verlassen wurde.
Am Herzeleid selbst sterben jedoch nur wenige. Statt dessen zeigt die Erfahrung, daß man mit einem gebrochenen Herzen steinalt werden kann. Kein Wunder, denn die Bruchstellen härten das Herz ab – im besten Falle allerdings, ohne es zu *ver*härten.
Liebeskummerkranke aber klagen oft über andere seltsame Empfindungen: »Ich bin, seit er weg ist, wie auf Entzug; es ist brutal«, bekennt eine Studentin. Und eine 47jährige, die sich eigentlich auf ihre silberne Hochzeit gefreut hatte und deren Mann ein Jahr vorher fand, daß er sich an ihrer Seite eigentlich nie selbst verwirklicht habe, und deshalb auszog, glaubt zu spüren: »Seit er mich verlassen hat, fühle ich mich amputiert; und an den Reststümpfen habe ich Phantomschmerzen.«
Andere gestehen, daß sie unter Halluzinationen leiden: »Ich höre seine Stimme, sobald ich das Radio ausschalte.« Oder: »Ich sehe ihn überall, in jedem Passanten, der mir entgegenkommt, am Steuer jedes Autos, das mich an seines erinnert. Und ich sehe ihn jeden Abend ganz deutlich, wenn ich die Augen schließe und zu schlafen versuche.«
Allen gemeinsam ist schließlich eine Empfindung, die leider nicht nur subjektiv ist: Alle fühlen sich blasser als bisher, grauer, häßlicher. Und es hilft nichts, sie sind es auch.
Wie trägt man diese Häßlichkeit? Versteckt man sie? Betont man sie? Soll das Kleid des Kummers schwarz sein? Oder genügt das alte Flanellnachthemd, das man am liebsten nicht mehr auszöge, weil man das Bett sowieso nie mehr verlassen möchte?
Liebeskummer trägt man am besten wie Jeans oder den Businessblazer: nämlich sachlich. Die nüchterne Attitüde stützt wie ein Gerüst, das die Leidende dringend braucht,

um nicht in Verzweiflung zusammenzubrechen oder in Tränen zu zerfließen.
Wer in seinem Gram weder over- noch underdressed daherkommt, geht außerdem mit der Mode. Denn Liebeskummer kann man heutzutage tragen wie den Geburtsnamen der Mutter, Kondompackungen, Hautfarben oder graues Haar: ohne Scham.
Liebeskummer wird nicht mehr überspielt, sondern mit Fassung und Selbstverständlichkeit offenbart. Es hat sich nämlich herumgesprochen, daß eine verlassene Frau in den seltensten Fällen dadurch auch gleich eine alte Jungfer ist. Eher schon das Gegenteil.
Auch ein verlassener Mann ist nicht automatisch ein Schlappschwanz (höchstens vorübergehend). Nichts an diesem Leidensweg ist also schändlich, ehrenrührig oder mit Gesichtsverlust verbunden.

Zum Erscheinungsbild des Liebeskummers gehören selbstverständlich verweinte Augen. »Ich wundere mich, daß ein Mensch überhaupt so viel Flüssigkeit in sich hat«, sagt eine Frau mit Galgenhumor, die seit vier Monaten nicht aufhören kann zu weinen. Sie füllt allerdings ihren körpereigenen Flüssigkeitsvorrat durch Unmengen von Weißwein wieder auf – was ebenfalls zu den Kennzeichen der Liebeskummerkranken gehört und die vergrößerten Tränensäcke auch noch alkoholbedingt anschwellen läßt.
Die elegante Mitte aus brennendem Schmerz und stillem Siechtum ist erreicht, wenn ein alter Freund den Arm um die Schulter einer Verlassenen legt, vorschlägt: »Wein dich aus, Kleines« und erst mal ein Täßchen Tee aufbrüht. Das ist aber nicht der Fall, wenn er beim Anblick der Leidenden auf der Straße zurückprallt und sie umgehend in die nächste Kneipe drängt: »Du braucht jetzt erst mal einen Schnaps«

(nicht zuletzt übrigens deshalb, um sie schnellstens den Blikken derer zu entziehen, die des Weges kommen könnten).
Zerstörung und Verwüstung machen den Reiz des Menschen mit gebrochenem Herzen sicher nicht aus. Es ist vielmehr dieser Hauch leiser Wehmut, der schmeichelt. Endlich einmal sieht man nicht mehr aus wie das Standpersonal auf der Grünen Woche oder wie die Mädchen auf den Werbeplakaten für holländischen Käse. Endlich hat man diesen Harm in den Mundwinkeln, der die Lippen nicht kirschkußfrisch macht, sondern sensibel; jene konkave Wangenlinie, die man sich immer wünschte; und jene geheimnisvoll umflorten Augen, die man bisher mit Kajalstift so hinschminken mußte.
Manche gewöhnen sich allerdings an das Bild ihres Liebeskummers wie an alte Klamotten, die man liebgewinnt und nicht mehr ablegen möchte. Eine 39jährige Bibliothekarin trug ihre Melancholie jahrelang wie einen schwarzen Witwenschleier. Nicht ohne heimliche Eitelkeit hielt sie sich für höchst attraktiv in dieser fein eingesetzten Hinfälligkeit. Nach drei Jahren war sie es leid. Das Rührstück war zum Flop geraten.
Heute trägt sie Rot und liebt den Mann, der sie auf einer Party belustigt mit den Worten angesprochen hatte: »Gebrochen, aber nicht verbittert, so mag ich's.«
Nur mit Hohnlachen aber kann man im Stadium akuten Liebeskummers auf wohlgemeinte Sätze reagieren wie »Wer weiß, wozu es gut ist«, »Akzeptiere deinen Schmerz als Herausforderung« oder »Du sollst deinen Kummer sinnvoll ins Leben integrieren«.
Nichts läßt sich akzeptieren, wenn dir schlecht wird, sobald du ein glückliches Paar siehst. Und nichts läßt sich integrieren, wenn dich dein Hirn quält mit jenen Erinnerungen, die du nicht löschen kannst: wie er die Gabel hielt, wie sein Haar roch, wenn es abends noch kalt war vom Heimweg,

wie seine Stimme klang, wenn sie sehr nahe an deinem Ohr eingesetzt wurde.
Und doch gibt es außer dem altbekannten »sekundären Krankheitsgewinn« auch eine Reihe recht primärer Gewinne. Kaum jemand mit Liebeskummer hat zum Beispiel einen guten Appetit. Also nimmt die Betroffene in kürzester Zeit gewaltig ab. Der Blick auf die schlanke Figur im Spiegel wird allerdings getrübt durch die absolute Sicherheit, daß diesen Körper nie, nie mehr jemand ansehen oder gar liebhaben wird.
Finanzielle Vorteile zieht man außerdem aus einem Verhalten, das mit dem Liebeskummer einhergeht: der Häuslichkeit. Natürlich kaufen sich verlassene Frauen zuerst einen Haufen jener »Frustfetzen«, von denen die Schränke vollhängen. Aber dann beginnt das große Sparen: keine Ferngespräche, kein Champagner im Kühlschrank, keine Antibabypillen, keine seiner teuren Lieblingsmarmeladen, keine Restaurantrechnungen, keine seidenen Nachthemden, wenig Benzin.
Nach anfänglicher Lähmung setzt auch häufig eine verblüffende Schaffenskraft ein. Gute Arbeit wurde schon geleistet in Phasen großen Kummers. Das wissen Künstler, Studenten, Wissenschaftler und Erfinder.

Aber auch indirekt läßt sich aus einer zerbrochenen Liebe Nutzen ziehen. Manche Menschen übernehmen Eigenschaften des verlorenen Partners und entwickeln Talente, die er hatte. Andere meiden erstmals wieder ganz bewußt die Haltungen, Meinungen und Angewohnheiten, die sie sich dem Expartner zuliebe angeeignet hatten. Und für einige ist es vielleicht schon ein Gewinn, endlich mal wieder bei offenem (wahlweise geschlossenem) Fenster schlafen zu dürfen.
Was man bei Liebeskummer noch gewinnt, sind Freunde. Leid weckt nun mal Anteilnahme. Meistens zwar nur in

Form von Sensationslust, Schadenfreude oder Wichtigtuerei. Doch bleiben immer noch genug, die sich die endlosen, larmoyanten Erzählungen vergangener Liebe anhören, die auch nach dem dritten tränenerstickten Anruf mitten in der Nacht nicht auflegen, die plötzlich mit einem Topf kräftiger Gemüsesuppe vor der Tür stehen und die zu Wandertouren und Kinobesuchen auffordern, obwohl die liebeskummervollen trüben Tassen wahrlich keine amüsanten Begleiterinnen sind.

Die bittersten Tränen scheinen aber auch einen süßen Beigeschmack zu haben. Nicht wenige mit Liebeskummer weiden sich an der eigenen Wehmut. Wer seinen Schmerz wollüstig auskosten will, muß nur in die Hölle der Erinnerungen eintauchen. Am besten kopfüber.

»Unser Lied«, auf ein Endlosband aufgezeichnet und über Tage hinweg abgehört, hält garantiert den Traurigkeitspegel konstant. Auch das Abklappern von gemeinsam frequentierten Restaurants, Berggipfeln oder Museen reißt todsicher alte Wunden wieder auf.

Liebeskummer läßt sich schließlich grenzenlos steigern, wenn man die quälenden Emotionen durch Verbalisierung unterstützt. Und das geht so: Wer sich sagt: »Dies ist eine Katastrophe, die ich nicht überlebe«, wird sie tatsächlich signifikant wenig überleben (zumindest weniger schnell) als jene, die sich sagt: »Dies ist sehr traurig, aber ich überlebe es.«

Wer traurig darüber ist, daß er traurig ist, kann – mir nichts, dir nichts – seine Trauer verdoppeln. Unglückliches Bewußtsein wird schließlich von niemand anderem als von der unglücklichen Person selbst geschaffen. Von wem sonst? So verhält es sich übrigens mit fast allen Gefühlen.

Wieder andere sinnen auf Rache, setzen Liebeskummer als Waffe ein und arbeiten im vergeblichen Machtkampf um die Liebe mit sogenannten Retourkutschen. Sie verhalten sich vermeintlich gesundheitsbewußt und glauben, mit ihren offenen Aggressionen die Anfälligkeit für Magengeschwüre und Dickdarmentzündungen zu vermindern (ein Irrtum, wie die Wissenschaft inzwischen zugegeben hat). Die erhofften Effekte aber erreichen sie nicht.

Eine meiner Freundinnen zum Beispiel hat die Ansage auf ihrem Anrufbeantworter mit einer Melodie unterlegt, »die ihm das Herz zerreißen soll, wenn er anruft«. Der Mann, der sie vor zwei Jahren verließ, hat sich allerdings seitdem noch nicht wieder gemeldet.

Wer die Geschenke des ehemals geliebten Partners zerbricht, wegschüttet, zerknüllt oder verkauft, wer aus den Liebesbriefen Konfetti macht oder sich den Untreuen im Ballettröckchen vorstellt (Ratschlag aus einem Trostbuch für Liebeskummergeplagte), trifft mit seiner vermeintlichen Attacke, mit Schmähung und Häme nur sehr indirekt.

Wirklich befriedigend ist da nur eines: nämlich die Gewißheit, daß die verlassende Person ebenfalls leidet. Sie tut es fast immer.

Bevor wir zuletzt darauf kommen, wie man Liebeskummer überlebt, muß noch ein gnadenloser Akt mit ihm geschehen: Er muß entheiligt werden. Dazu wird er in seine Teile zerlegt und rational umgedeutet. Damit ist er nicht nur entromantisiert, sondern auch entweiht. Der Effekt ist verblüffend: Er nimmt es übel und verzieht sich.

Zuerst muß mit einigen sakrosankten und hanebüchenen Mythen aufgeräumt werden: »Der Grad der Qual deutet auf die Intensität vorangegangener Leidenschaft hin.« Oder: »Schmerzliche Liebe ist besser als gar keine.«

Das sind nichts als Trostsätze für Selbstbetrüger oder für jene Neurotiker, die an Empfindungslosigkeit leiden und schon froh sind, wenn sie überhaupt spüren, daß sie etwas stört.

Liebeskummer ist kein Zustand, sondern ein Vorgang. Er setzt sich zusammen aus Wahrnehmungen, Gedanken, Wertungen, verinnerlichten Aussagen und allen Gefühlen, die dabei jeweils hochkommen. Liebeskummer ist demnach kein mystischer Schicksalsschlag. Niemand braucht sich elitär zu fühlen, nur weil er einem anderen nachweint.

Die tragische Rolle an sich verleiht weder Gewicht noch Würde. So wie Masern weder Gewicht noch Würde verleihen. Und nicht nur ein Mensch mit Liebeskummer ist »tiefer Gefühle mächtig« oder »schöpft aus dem Unergründlichen seines vielschichtigen Inneren« oder signalisiert durch »Gefühlsstürme auch Gefühlsfülle« – wie man es gern formuliert. Das alles vermögen nämlich auch glücklich Liebende.

Das einzige, was ein Mensch mit Liebeskummer manchen anderen voraus hat, ist seine Erfahrung, die er vielleicht in einen Erkenntnisvorsprung umzumünzen versteht. Dann wäre er das Gegenstück zu jenem Greenhorn, das nach dem Zerbrechen einer Liebe strahlend daherkommt, das neue Liebchen im Arm und das alte Liedchen auf den Lippen: »Liebeskummer lohnt sich nicht, my Darling«.

Der erste Schritt zur Heilung von Liebeskummer ist getan, wenn man sich klarmacht, daß er nicht heilbar ist, sondern nur vorübergehen kann. Was einem selbst bis dahin zu tun bleibt ist, mit Anstand und stets frisch gewaschenen Haaren über die Runden zu kommen und eine gewisse Schadensbegrenzung vorzunehmen.

Vorüber ist der Liebeskummer dann, wenn man zum erstenmal wieder sein eigenes Horoskop in der Zeitung noch *vor* dem des Verflossenen liest. Oder wenn man an irgendeinem Jahreswechsel den Geburtstag des ehemaligen Geliebten nicht mehr automatisch in den neuen Terminkalender überträgt.

Was bleibt dann vom Liebeskummer überhaupt noch? Es bleibt vor allem die Tatsache, daß man nie wieder die gleiche sein wird wie vorher. Aber das wäre vielleicht auch ohne Liebeskummer so gekommen.

Sehnsucht – das große Warten und Hoffen

An manchen Tagen – und es muß gar nicht immer im sprichwörtlichen Frühling sein – liegt irgend etwas Unbestimmtes in der Luft. Wir heben die Köpfe und schnuppern erwartungsvoll. Was ist es? Eine Botschaft? Ein Raunen? Eine Chance? Unterschwellig drängt es uns jetzt auch zu neuen Ufern, neuen Kleidern, neuen Aufgaben, manchmal auch zu neuen Partnern.
Eduard Mörike dichtete über diesen Zustand der Ruhelosigkeit und des unbestimmten Verlangens nach nichts und allem: »Der Sonnenblume gleich steht mein Gemüte offen, / Sehnend, / Sich dehnend / In Lieben und Hoffen«.
Man möchte etwas lieben, man wünscht sich, hoffen zu können, und merkt, daß sie mal wieder erbarmungslos zugeschlagen hat: die Sehnsucht!

Wir reagieren ganz unterschiedlich auf ihre süß-quälenden Attacken:
»Ich stehe am Fenster und schaue verträumt den Wolken nach«, erzählt eine Bekannte.
»Ich kann mich nicht satt sehen an den Plakaten der Reisebüros. Zu Hause ›lese‹ ich dann fasziniert wie von einem Krimi in meinem alten Atlas. Ich hole Landkarten raus, auf denen ich geheimnisvolle Orte suche wie Ushuaja oder Window Rock«, berichtet eine Kollegin.
»Ich plätschere stundenlang versonnen in der Badewanne«, gesteht die eine; »Ich schreibe Liebesbriefe an den eigenen Mann«, verrät eine andere.

»Ich hole meine Kinderbücher wieder mal hervor«, lächelt eine 30jährige.
»Und ich warte auf den Märchenprinzen«, sagt eine sonst ganz realistische Frau, ohne zu erröten.

Die einen treibt es dann hinaus, voller Sturm und Drang. Die anderen hinein in die Depression.
Nach irgend etwas sehnt sich nämlich fast jede: die Managerin nach der Hausfrauenrolle, die Familienmutter nach der vermeintlichen Freiheit der Singles. Man sehnt sich nach dem Geliebten, der weit weg ist, weil er zu einem Vertragsabschluß nach New York fliegen mußte – oder weil er einer anderen gehört. Säße er übrigens im Nebenzimmer, hielte sich die Sehnsucht bekanntlich in Grenzen.
Das zeigt deutlich: Ziel schmerzlichen Schmachtens und zehrender Gefühle ist meist das Unerreichbare. Also zum Beispiel die Wiederholung der Vergangenheit, der Griff nach den Sternen oder das Hoffen auf den Prinzen, der zur Not auch ein Bürgerlicher, zumindest aber der absolute Traummann zu sein hat.
Trieb, Wunsch, Bedürfnis, Drang, Verlangen und Lechzen mischen sich bei sehnsüchtigen Leuten zu einem zähen (aber auch süßen) Brei. Die Suchtseite der Sehnsucht zeigt sich dann, wenn man seine Sehnsucht zu lieben und zu brauchen beginnt, wenn die Tagträume überhandnehmen und eine Sehnsucht nach der Sehnsucht entsteht.
Im Lexikon indessen wird die Sehnsucht lakonisch und herrlich desillusionierend beschrieben als »Lang andauerndes, starkes Sehnen, speziell unerfüllbar«!
Oft haben wir auch Sehnsucht und wissen nicht mal, wonach. So verschwommen und weit weg sind die Ziele.
Ein paar Beispiele sollen zeigen, daß wir damit nicht allein sind. Selbst gefeierte Dichter taten sich zu allen Zeiten mit

der Definition ihrer unbestimmten Sehnsüchte schwer. Hier sind einige berühmte Gedichtzeilen:

»Willst du reißen, Lebensfaden, / so reiße! / Ich kann die wilde Sehnsucht, / wenn ich noch länger lebe, / nicht vor den Menschen mehr verbergen« (die japanische Prinzessin Shokushi im 12. Jahrhundert).

»Es schienen so golden die Sterne, / Am Fenster ich einsam stand / Und hörte aus weiter Ferne / Ein Posthorn im stillen Land. / Das Herz mir im Leibe entbrennte, / Da hab' ich mir heimlich gedacht: / Ach, wer da mitreisen könnte / In der prächtigen Sommernacht!« (Joseph von Eichendorff).

»Alte Zeiten, linde Trauer, / Und es schweifen leise Schauer / Wetterleuchtend durch die Brust« (noch mal Joseph von Eichendorff).

»Nun muß ich sitzen so fein und klar, / Gleich einem artigen Kinde, / Und darf nur heimlich lösen mein Haar / Und lassen es flattern im Winde!« (Annette von Droste-Hülshoff).

»Jetzt im Gehöfte schlagen Hunde an – / O Sommernacht und halbverhangene Sterne, / Wie reißt es mir auf eurer bleichen Bahn / Das Herz hinaus in Reiserausch und Ferne!« (Hermann Hesse).

Wie also soll man mit solchen Sehnsüchten umgehen? Soll man sie verschweigen, weil sie immer auch mit einem heimlichen Lustgefühl verbunden sind? Schließlich nehmen wir ja im Tagtraum schon einen Teil der begehrten Situation vorweg. Oder sollen wir uns gar schämen, weil wir ein Bedürfnis zugeben und zugleich unsere Unfähigkeit eingestehen müssen, es zu befriedigen? Oder sollten wir stolz darauf

sein, weil sie uns edel wie die sensiblen Dichter erscheinen lassen, die die Sehnsucht gepachtet zu haben scheinen?
Alles falsch. Von souveränen Luftschloßbauherren und meisterhaften Wolkenkuckucksheimbewohnern kann man lernen, gelassen das Spiel mit der Sehnsucht zu treiben.
Um nicht ihre weinerlichen Opfer zu werden, müssen wir sie nur richtig ausnützen. Und um nicht im lauen Badewasser unserer Tristesse dahinzudümpeln, schwermütig und unbefriedigt, sollten wir sie umformen zum Motor unserer Motivation. Und sie hernehmen als Kreativitätstraining, Herausforderung und Mutprobe im Wettkampf zwischen Wunsch und Wirklichkeit.
Der Traum vom Einzug in die Chefetage kann zum Beispiel unseren Ehrgeiz erst so richtig anstacheln. Und wer unter Fernweh leidet, muß sparen, organisieren und sich kundig machen, um das Traumziel zu erreichen. Wer sich nach Liebe sehnt, wird sich um innerliche und äußerliche Schönheit bemühen müssen. Und wen es nach Erlösung aus der Einsamkeit dürstet, der muß Offenheit und Menschenfreundlichkeit üben.
Aus einem törichten, weltfremden, unergiebigen und unstillbaren Gefühl des Verlangens kann fröhliche Realität werden, wenn wir uns klarmachen, daß die Erfüllung romantischer Illusionen oft eher enttäuschend ist. Allzu groß war meist die vorangegangene Täuschung.
So entpuppt sich der »Mann meiner Träume« vielleicht nach einiger Zeit als grantelnder Spießer. Und Südseezauber ist vor Ort oft nichts als fauler Zauber.
Wenn wir uns von den gigantischen Sehnsüchten verabschiedet haben, bleibt die Möglichkeit, kleine Sehnsüchte genüßlich zu befriedigen: so zum Beispiel die kühle Dusche nach dem Tag am Strand, der erste Schluck nach dem anstrengenden Gipfelsturm oder einfach die Schuhe auszuziehen nach einem ausgedehnten Stadtbummel.

Eine bestimmte Sehnsucht sollten wir uns aber doch erhalten: die nach der Liebe an sich. Es habe sich nämlich herausgestellt, behauptet der Paartherapeut Jürg Willi, daß allein schon die Sehnsucht danach eine der Grundvoraussetzungen für eine glückliche Partnerschaft sei.

Und was für ein Gefühl ist nun die »große Liebe«?

Die einleuchtende Theorie, daß die Liebe durch einen Bogenschuß Amors ausgelöst wird, ist immer noch nicht durch andere Theorien wirklich befriedigend ersetzt worden! Deshalb nähern wir uns zu guter Letzt auch diesem, dem weltweit meistdiskutierten Gefühl alles andere als wissenschaftlich. Denn das hat bislang eigentlich niemandem, vor allem niemand Verliebtem, genutzt.
Jämmerliche psychologische Deutungen und eher abstoßende biologische Erklärungen werden statt dessen heutzutage den Liebenden um die Ohren geschlagen. Und je profaner die Auslegungen werden, desto mehr vergeht dem mündigen Bürger die Lust an der Liebe.
Jeder redet mit. Die Kirche mischt sich ein. Die Kulturpessimisten blocken ab. Tüchtige Partneragenturen stacheln an. Und zynisch gewordene Singles pfeifen überhaupt drauf – während sie sich zugleich den Hals verdrehen, um ein Objekt ihrer Begierde am Nebentisch besser beäugen zu können.
Wie ernst sollen wir also die Jagd nach der »großen Liebe« betreiben? Verbissen suchen? Müde abwinken?
George Tabori, der gefeierte Theatermann, glaubt angeblich wider besseres Wissen an (s)ein ewiges Leben. Ähnlich zuversichtlich handhaben viele ihre Gefühlsangelegenheiten.

Dafür, daß sie doch meist als Illusion bezeichnet wird, kommt »große Liebe« ziemlich häufig vor, genauer gesagt: fast inflationär oft.

Empfinden und Verhalten großer Liebender im Alltag: Ist das ein gewaltiger Höhenflug oder Glück im Winkel?
Zufällig treffen wir eines Tages Manfred. Weit draußen im Wald. Er kommt Arm in Arm mit einer Dame im Gleichschritt des Weges, mit jedem Muskel Paarbindung signalisierend.
Bemerkenswert ist, daß Manfred bisher so bindungsscheu war, daß er sogar seine Stiefel am liebsten mit einer Schnur an den Skiern befestigt hätte.
Er wirkt irritiert. »Es ist die große Liebe«, gesteht er anderntags. In den Mundwinkeln trägt er dabei das Leiden desjenigen, der sich selbst nicht mehr begreift. Es sei einfach über ihn gekommen, Gefühle, die er nicht für möglich gehalten hätte; er sei völlig hilflos, aber glücklich wie noch nie.
Die Angebetete ist 22 Jahre jünger als Manfred, verheiratet, schwanger von ihrem Ehemann, Anwaltsgehilfin. Seine Erroll-Garner-CDs hat Manfred, der Ethnologieprofessor, mittlerweile weggeräumt. Jetzt hat er Stoffpuppen auf dem Bett, weil sie das liebt. Er will ihr die Treue halten »für immer oder eben so lang, wie sie mich will«. Sein Leben habe endlich Sinn bekommen.

»Wer gab dir, Minne, die Gewalt, / Daß du so ganz allmächtig bist? / Du siegest über jung und alt, / Und gegen dich hilft keine List«, resignierte schon Walther von der Vogelweide.

In 800 Jahren hat sich da offenbar nicht viel verändert. Gehört zur sogenannten großen Liebe die Aussichtslosigkeit, die Dramatik, der Wahn? Macht erst die »amour fou« eine »grand amour« aus?

Wer sich dem großen Gefühl öffnet, muß offenbar auch seine dunkle Seite in Kauf nehmen. Wie der Trinker, der um den Kater am Morgen danach weiß. Wie die Eitle, deren Füße in den hochhackigen Pumps schmerzen.

Nein, die »große Liebe« ist nicht das Paradies. Sie ist vielmehr eine höchst anstrengende Unternehmung unserer gesamten Gefühlswelt. Sie zerrt am Gemüt und geht an die Substanz. Wer von ihr heimgesucht wird, trägt fortan schwer an der Verantwortung. Der Liebende ist ein Gebundener und Belasteter. Nichts wird mehr leicht sein.

Aber dieses täglich Atemberaubende emotionaler Hochspannung – wer hält das auf die Dauer aus? Manchmal wünscht man sich eine etwas kleinere und nicht ganz so dramatische Liebe.

Und tatsächlich sind sich die Abläufe großer Lieben merkwürdig ähnlich – so sie denn länger als ein Semester oder einen Kuraufenthalt dauern. Sie scheinen sich ganz von selbst auf ein ertragbares Maß einzupendeln und werden erst wirklich erfüllend, wenn ihnen etwas Luft rausgenommen wurde.

Zum gängigen Anspruch an den Gigantismus der Liebe pflegt der Therapeut Bert Hellinger anzumerken: »Der richtige Mann und die richtige Frau sind selten zu finden. Der gute Mann und die gute Frau sind für gewöhnlich genug.«

Freilich wäre nun ein kleinmütiger Schlappschwanz, wer auf so etwas offensichtlich Vermaledeites wie die große Liebe dann lieber gleich ganz verzichten wollte. Besser als Meiden ist noch allemal das Hineinstürzen. Manche werden dabei gehörig verletzt. Manche macht diese Verletzung erst zur zweitgrößten Liebe fähig.

Eine kluge Frau sagte uns: »Natürlich kenne ich die große Liebe. Mehrmals in meinem Leben habe ich einen Menschen kennengelernt, der es schaffte, in mir die große Liebe zu erwecken. Als es mir das letzte Mal widerfuhr, habe ich den Mann geheiratet. Er war froh, daß ich meine Fähigkeit, groß lieben zu können, schon eingeübt hatte. Das ist zwar ein Talent, aber ein bißchen Übung gehört schon auch dazu.«

Ganz anders die nächste große Liebende. Sie ist neunzehn und heißt Julia. »Dieser Junge ist die große Liebe meines Lebens. Ich werde nie einen anderen so lieben können. Genau nach ihm habe ich mich schon immer gesehnt. Sein Geruch, die Form seiner Nasenlöcher, seine langen blonden Haare, wie sie schwingen, wenn er läuft – das alles nimmt mir den Atem vor Glück. Ich habe direkt körperliche Schmerzen vor lauter Wonnegefühl, wenn er mich berührt. Ich habe Sehnsucht nach ihm, wenn er nur kurz aus dem Zimmer geht. Ich trage sein Foto in einem seidenen Beutel unter dem Pullover. Ich male den ganzen Tag Häuser, die ich mal mit ihm bewohnen will. Ich überlege mir Namen für unsere künftigen Kinder.«

Geschwungene Nasenlöcher wie Julias Romeo (namens Mike) hatte vielleicht jemand, der sich achtzehn Jahre vorher einmal über Julias Kinderwagen beugte, als gerade alles gut war: die Sonne, die Sättigung, die Stimme der Mutter. Personen eines frühen Entzückens entscheiden ja bekanntlich oft, wen wir einmal zur großen Liebe unseres Lebens küren. Die unbewußte Libido früher Kindheit schlägt angeblich Jahre später zu. Diesmal trifft es Mike.

Schon zwei Wochen später wird Julias seidenes Brusttäschchen samt Inhalt mit einer dramatischen Geste in den Fluß geschleudert. In ähnlicher Stimmung war im 13. Jahrhundert vielleicht auch Gottfried von Straßburg, als er reimte: »Leid kommt wohl ohne Lieb' allein, / Lieb' kann nicht ohne Leiden sein.«

Eines der Kennzeichen der »großen Liebe« ist, daß wir uns

oft über sie täuschen, solange wir mittendrin stecken – oder auch nach deren Ende. Die absolut größten »großen Lieben« scheinen nämlich häufig jene zu sein, die der Vergangenheit angehören. Sie haben die Tendenz, erst mal lächerlich zu erscheinen, um sich später zu wahren Megalieben aufzublähen. Verklärung wirkt hier noch nach Jahren wie eine Luftpumpe.

Julia, deren Mike sich einer zehn Jahre älteren Designerin zugewandt hat, ist noch nicht soweit. Sie ist noch im Stadium der Tränenschleierblindheit, die die Blindheit der Verliebtheit abgelöst hat.

Wie gehen Jung und Alt mit der Liebe um? Mitleiderregend tölpelhaft oder abgebrüht? Erschlagen sie jeden emotionalen Funkenflug mit der Feuerpatsche der Vernunft, oder werden sie zu Pyromanen ihrer Gefühle, die ihnen nicht heiß und brennend genug sein können? Es ist eindeutig: Wenn es um die Liebe geht, finden wir von Leidenschaft zerfledderte Seelen vor und gefahrvoll entflammte Herzen.

Ganz zuletzt stoßen wir noch auf zwei Turteltäubchen:

»Er ist nun mal meine große Liebe«, sagt Lisa über Peter.

»Und sie ist es auch für mich«, sagt Peter über Lisa.

»Wenn wir abends noch im Bett lesen, macht er immer gleich nach mir das Licht aus, weil er weiß, daß ich sonst nicht einschlafen kann. Auch wenn sein Krimi noch so spannend ist«, sagt Lisa.

»Sie lädt mir die schönsten Erdbeeren auf den Teller«, sagt Peter, »aber wenn sie wegschaut, lege ich die auf ihren Teller zurück. Wenn sie es merkt, beginnt das Spiel von vorn.«

»So geht das nun schon seit unserer Hochzeit«, sagt Lisa.

»Vor 53 Jahren«, sagt Peter.

Ist das Hauptkennzeichen einer großen Liebe ihre Dauer? Langsam glauben wir das den Psychologen, den Umfragen und dem Augenschein.

Erst wer nach Jahren noch immer von seiner großen Liebe

sprechen kann, hat sie offenbar gefunden. Ihr Merkmal: Sie ändert sich im Laufe der Jahre. Aber während die kurzfristige große Liebe sich nur in *eine* Richtung ändert, nämlich bachabwärts und hin zu dramatischen Abschieden oder lauen Verwässerungen, wächst bei der lang andauernden großen Liebe ständig etwas hinzu wie Sinter an Tropfsteine.

Die bindende Kraft scheint sich ständig selbst zu erneuern. Sie erhält fortwährend Energie durch die Schubkraft gemeinsamer Vergangenheit. Sie fordert allerdings auch Erdung nach dem Abheben in den siebten Himmel. Und sie verlangt hellwache Klarsicht nach der anfänglichen Beeinträchtigung der Sehkraft durch die rosarote Brille.

Vielleicht ist aber alles ganz anders und ganz einfach. Vielleicht ist es schon »große Liebe«, daß wir dem schnarchenden Ungeheuer, das uns da nächtens um den Schlaf bringt, nicht sofort an die Gurgel gehen. Daß man der Frau, die nach zwei Glas Pinot Grigio bereits Unfug redet, nicht gleich die Tür weist. Daß wir das Über-Ich getrost murren lassen und die Eltern ruhig warnen sollen, daß die Kollegen höhnen können, soviel sie wollen, und die Frauengruppe motzen darf.

Vielleicht ist das Phänomen »große Liebe« dann eingetreten, wenn wir einfach bei jemandem bleiben, weil er uns guttut. Sozusagen gefühlsmäßig.

Literatur zum Thema

Baumgart, Hildegard, *Eifersucht, Erfahrungen und Lösungsversuche im Beziehungsdreieck*, Reinbek 1985.

Benard, Cheryl/Schlaffer, Edit, *Im Dschungel der Gefühle*, Reinbek 1987.

Csikszentmihalyi, Mirhaly, *Das flow-Erlebnis*, Stuttgart 1985.

Dürckheim, Karlfried Graf, *Der Alltag als Übung*, Bern/Stuttgart/Wien 1983.

Ellis, Albert, *Die rational-emotive Therapie*, München 1982.

Erickson, Milton H., *Meine Stimme begleitet Sie überallhin*, Stuttgart 1985.

Fromm, Erich/Suzuki, Daisetz Teitaro/Martino, Richard de, *Zen-Buddhismus und Psychoanalyse*, Frankfurt am Main 1981.

Goldberg, Philip, *Der zündende Funke – die Kraft der Intuition*, Düsseldorf/Wien 1993.

Goleman, Daniel, *Emotionale Intelligenz*, München/Wien 1996.

Hellinger, Bert, *Finden, was wirkt*, München 1993.

Hellinger, Bert, *Ordnungen der Liebe*, Heidelberg 1994.

Hellinger, Bert/ten Hövel, Gabriele, *Anerkennen, was ist*, München 1996.

Kopp, Sheldon B., *Mach Schluß mit der Unschuld*, Umkirch 1986.

Lermer, Stephan, *Immunkraft*, Düsseldorf 1989.

Maslow, Abraham H., *Motivation und Persönlichkeit*, Reinbek 1981.
Oerter, Rolf/Montada, Leo, *Entwicklungspsychologie*, München/Wien/Baltimore 1982.
Ornish, Dean, *Revolution in der Herztherapie*, Stuttgart 1992.
Plack, Arno, *Ohne Lüge leben*, Frankfurt am Main 1987.
Riemann, Fritz, *Grundformen der Angst*, München/Basel 1981.
Rost, Wolfgang, *Emotionen – Elixiere des Lebens*, Berlin/Heidelberg 1990.
Schellenbaum, Peter, *Das Nein in der Liebe*, München 1986.
Tennov, Dorothy, *Limerenz – über Liebe und Verliebtsein*, München 1981.
Viorst, Judith, *Mut zur Trennung*, Hamburg 1988.
Watzlawick, Paul, *Wie wirklich ist die Wirklichkeit?*, München 1982.
Zimbardo, Philip G., *Psychologie*, Berlin/Heidelberg 1983.